imaginist

想象另一种可能

理
想
国

imaginist

Jorge Luis
Borges

Borges at Eighty: Conversations

博尔赫斯
谈 话 录

[美] 威利斯·巴恩斯通 编　　西川 译

北京日报出版社

目录

为什么不谈谈另一座神秘的岛屿？为什么不谈谈
曼哈顿？当一个人想到曼哈顿，他就会想到纽约
这座大众的城市。不过它会使你失明，就像太阳
会使你失明。太阳当然是神秘的。据我们所知，
只有鹰能够直视太阳。我无法一睹纽约，不是因
为我双目失明，而是因为纽约使我失明，与此同
时我又爱着它。当我说到纽约时，我立刻就想起
了沃尔特·惠特曼。

当我醒来，看到的是糟糕的事情。我还是我，
这令我惊讶不已。

原　序

　　1975年的圣诞之夜，布宜诺斯艾利斯城中气氛紧张。博尔赫斯与我共进了晚餐。博尔赫斯面色黯淡。尽管我们一边吃着可口的饭菜，喝着美味的葡萄酒，一边谈着话，但是这个国家潜在的阴郁却笼罩在我们心头。最后，该走了。由于公共汽车和出租车司机们正在罢工，我们便只好步行。彬彬有礼的博尔赫斯坚持要首先将他的朋友玛丽亚·儿玉送回家，尽管她住在这座巨大城市的另一端。但是这对这位七十五岁的老诗人来讲没有什么不便，因为他喜欢走路，特别是在夜晚，而这也给了他一个同我漫谈的借口。我们在风中，在警觉的微暗的灯光里缓缓穿过城市。时间一小时一小时地过去，博尔赫斯对街上每一件稀奇古怪的事，对他凭着失明的双眼不知如何看到的建筑，对稀稀落落的行人，似乎越来越敏感。忽然一辆公共汽车驶来，玛丽亚跳上车去，我们这才回过头来朝博尔赫斯的寓所走去。

现在玛丽亚已经安全地坐上了回家的车，至少我们希望如此。博尔赫斯便放慢了脚步。起初我以为他大概是忘了归路，因为他在谈到某个重要问题时，走几步便停一停，并且左顾右盼，就仿佛我们迷了路。然而不是，他想谈谈他的妹妹诺拉以及他们的童年时代，谈谈四十多年前他在巴西、乌拉圭边境上所看到的那个挨了枪子儿的黑人，谈谈他那些在十九世纪的内战中扛枪打仗的先辈们。他的手杖常常敲打在破败的人行道的坑坑洼洼上，每一件小事都会让他停下来，像演员一样伸出手杖，舒展一下四肢。我一直觉得，博尔赫斯的性格与他私下的谈吐至少同他的作品一样既意味深长又富于机智，而至少对我来讲，正因为有了这种契合，才确定了他的写作本身。黎明时分我们回到他那幢楼房。又一次长夜漫谈结束了。

第二天下午我们一起去了圣詹姆斯咖啡馆。整整三个小时我们只谈论但丁和弥尔顿。天黑下来的时候我开始莫名其妙地伤感起来。在我们就要离开他的住处去马克辛餐馆吃晚饭时，我对他说："博尔赫斯，我总是不能一清二楚地记住你说过的话，我能记住一切，但就是你的话记不住。"博尔赫斯挽住我的胳膊，以一种典型的似非而是的口吻安慰我道："记住斯威登堡[1]说过的话，上帝赋予我们大脑以便让我们具备遗忘的能力。"

要我一一记住我们在飞机上、汽车里、街道上、饭馆里、起居室里的那些长时间的谈话是不可能的。但是我们至少以这种稍微正式的方式为大家录下了他那惊人的坦率、困惑和睿智。以我的经验，还没有什么人曾这样像苏格拉底一样与别人交谈过。他的谈话中充满了深刻的、动人的沉思与反驳。我们多么幸运，录下了他的思想，录下了他几小时的谈话，他曾以令人异常敬佩的友情同别人交谈了一生。

1976 年，博尔赫斯花了三天时间在印第安纳大学参加了一系列有关他的生平与创作的对话活动。1980

1　伊曼纽·斯威登堡（Emanuel Swedenborg，1688—1772），瑞典科学家、哲学家、神学家、神秘主义者，最著名的作品是《天堂和地狱》（1758）。——译者注（本书脚注若非另行说明，皆为译者注）

年春天，在威廉·T. 帕登基金会、印第安纳大学西班牙葡萄牙语系、比较文学系和拉丁美洲研究所的共同主持下，他作为帕登教授重返印第安纳大学，度过了一个月的时间。

在博尔赫斯 1980 年的那次美国之行中，他还访问了芝加哥、纽约和波士顿，一路上边走边谈。在芝加哥大学，他参加了一次大型的对话活动。在纽约笔会俱乐部，他回答了阿拉斯泰尔·里德和约翰·科尔曼的提问。他还曾在迪克·卡维特主持的电视节目中露面。在哥伦比亚大学的巴特勒图书馆，大量专注的听众聆听了他的谈话。在那里他说："人群是一个幻觉。它并不存在。我是在与你们个别交谈。"离开纽约后，博尔赫斯到麻省理工学院参加了一个由该学院与波士顿大学、哈佛大学共同举办的讨论会。这是博尔赫斯自 1967 年在哈佛大学任诺顿诗歌教授以来第一次重返坎布里奇。

威利斯·巴恩斯通

1

神秘的岛屿

印第安纳大学，
1980年3月

为什么不谈谈另一座神秘的岛
屿？为什么不谈谈曼哈顿？当一
个人想到曼哈顿，他就会想到纽
约这座大众的城市。不过它会使
你失明，就像太阳会使你失明。
太阳当然是神秘的。据我们所知，
只有鹰能够直视太阳。我无法一
睹纽约，不是因为我双目失明，
而是因为纽约使我失明，与此同
时我又爱着它。当我说到纽约时，
我立刻就想起了沃尔特·惠特曼。

豪尔赫·奥克朗代尔（以下简称奥克朗代尔） 在座的诸位都想对豪尔赫·路易斯·博尔赫斯有所了解。

豪尔赫·路易斯·博尔赫斯（以下简称博尔赫斯） 但愿我了解他。我对他已然感到厌倦了。

奥克朗代尔 你能否带着我们浏览一下你自己的图书馆？哪些书是你青年时代所爱读的？

博尔赫斯 我现在喜爱的书就是我从前喜爱的书。我最初读的是斯蒂文森[1]、吉卜林[2]、《圣经》，我曾先后读过爱德华·威廉·雷恩和伯顿的两种《一千零

1　罗伯特·路易斯·斯蒂文森（Robert Louis Stevenson，1850—1894），英国小说家、诗人，对二十世纪现代主义文学影响巨大，代表作有长篇小说《金银岛》《化身博士》《绑架》等。

2　鲁德亚德·吉卜林（Rudyard Kipling，1865—1936），英国小说家、诗人，主要作品有《营房谣》《生命的阻力》《丛林之书》《基姆》等。

一夜》的译本。[1] 我现在依然在读着这些书。我一生中读的书不是很多，大部分时间都在重读。1955 年我的视力弃我而去，使我难于阅读，从那时起我就没读过什么当代作品了。我想我一辈子也没读过一份报纸。我们能够了解过去，但是现在却远远地避开我们。只有历史学家们，或那些自诩为历史学家的小说家们才能了解现在。至于今天所发生的事，那是宇宙全部神秘的一部分。

所以我更喜欢重读。我在日内瓦学习过法文和拉丁文。我在一首诗中写道：我甚至忘记了拉丁文是一种财富。从某种意义上讲，我在使用一种蹩脚的拉丁文，因为我说的是西班牙语，但是对于拉丁文，我总是充满了向往，一种怀乡之情。而这也正是许多作家所感受到的今非昔比。我的英雄之一，塞缪尔·约翰

---

1 爱德华·威廉·雷恩（Edward William Lane）的删节版译本（1840,
1859）和伯顿爵士（Sir Richard Francis Burton）的十卷本（1885）
均由埃及校订本译出。

生[1]就很成功地做了用英文写拉丁文的尝试。克维多[2]、萨韦德拉·法哈多[3]和贡戈拉[4]用西班牙文写出过很好的拉丁文。从某种意义上讲我们应当回归拉丁文，我们都在努力这样做。让我回到正题上来。在日内瓦我自学了德文，因为我想要阅读叔本华的原著。我找到了一种十分惬意的学德文的方法，我建议大家都这样做，如果你一点儿德文也不懂。就这样试试看：找一本海涅的《漫歌集》——这很容易——再找一本德英词典，然后就开始读。刚开始时你会感到为难，但两三个月后你就会发现，你在读着世界上最优秀的诗，也许你不能理解它，却能够感受它，那就更好，因为诗歌并不诉诸理性而是诉诸想象。

当我的视力下降到无法阅读之时，我说："这不应该是结束。"正如一位我应该提到的作家所说的那样：

1　塞缪尔·约翰生(Samuel Johnson，1709—1784)，常称为约翰生博士，英国著名作家、文学批评家、词典编纂家。

2　弗朗西斯科·德·克维多（Francisco de Quevedo，1580—1645），西班牙讽刺作家和诗人，巴洛克时期的著名作家。

3　萨韦德拉·法哈多（Saavedra Fajardo，1584—1648），西班牙学者、作家。

4　路易斯·德·贡戈拉（Luis de Góngora，1561—1627），西班牙诗人，"贡戈拉诗派"创始者。

"不要大声自怜。"不，这应该是一种新经验开始的证明。于是我想：我要探索我祖先使用的语言，他们或许在摩西亚，在当今被称作诺森伯兰的诺森布里亚说过这种语言。[1] 我将回到古英语。因此我和几个人，其中包括玛丽亚·儿玉[2]，开始学习古英语。我记得一些诗歌片段，很好的诗歌，其中没有一行感伤的话。这是武士、牧师和水手的说话方式，你会发现这一点，在基督身后大约七个世纪，英吉利人就已经面向大海了。在早期诗歌里，你发现大海比比皆是。在英格兰的确如此。你会发现像"on flodes æht feor gewitan"（航行于大洋的惊涛骇浪）这般非同凡响的诗行。我是在大洋的惊涛骇浪中远航至此的，我很高兴来到你们大陆的中心，这也是我的大陆，因为我是个十足的南美人。我的大陆就是美洲。

自那以后我接着学习了冰岛文。实际上在我还是

---

1 诺森伯兰（Northumberland）是英格兰最北部的郡。诺森布里亚（Northumbria）是中世纪的盎格鲁人的王国，在今英格兰北部和苏格兰东南。

2 玛丽亚·儿玉（Maria Kodama，1937—2023），博尔赫斯的日裔女秘书，在博氏垂暮之年成为他的妻子。

个孩子的时候我就已经开始学习冰岛文了，因为我父亲曾送给我一本《弗尔松萨迦》，这本书由威廉·莫里斯[1]译成了英文。我陶醉其中。我父亲后来又送给我一本《日耳曼神话》。但是这本书更应该叫作"斯堪的纳维亚神话"，既然德国、英国、荷兰，陆上斯堪的纳维亚都已忘记了所有有关神祇的故事。记忆保留在冰岛。两年前我曾去冰岛朝圣——我记得威廉·莫里斯称之为"北方神圣的土地"——不过我的朝圣从我小时候读莫里斯译的《弗尔松萨迦》和那本《日耳曼神话》时就已经开始了。冰岛为我们保留了关于北方的记忆。我们都受惠于冰岛。我很难说清我到达冰岛时的心情。我想到萨迦，想到埃达。[2]当我想起埃达时，我想到一首名为《格陵兰诗篇》的诗。它不是格陵兰北欧人写

1 威廉·莫里斯（William Morris，1834—1896），英国诗人、艺术家、纺织品设计师，与拉菲尔前派过从甚密，是英国工艺美术运动的先驱。

2 萨迦指中世纪冰岛各种散文形式的故事和历史。埃达指的是十三世纪冰岛的两部作品，一为散文埃达，一为诗体埃达，是现代研究日耳曼神话的最完整、最详细的材料来源。

的就是格陵兰北欧人唱的。诗所讲的是 Attila[1]，这是撒克逊人的叫法，北欧人称之为 Atle，日耳曼人则称之为 Etzel。我已经谈到冰岛，我已经对你们讲了我去到那里、看到那里的人们时，看到我周围那些和蔼可亲的巨人时，我是怎样感觉的。我们所谈的当然是关于古老北方的萨迦和埃达。

我已经说过那几乎是一座神秘的岛屿。现在我要接着谈第二个同样神秘的岛屿——依我看所有的岛屿都是神秘的。去年我去了趟日本，我发现了一些于我颇为陌生的东西。不论你们相信与否，那是一个非常文明的国度。这种经验我们在东方以外几乎无法获得。瞧，日本有两种文明——我们的西方文明和他们自己的文明。一个佛教徒同时又可以是一个神道教徒，他也许还是一个卫理公会教徒，就像我的祖先或者路德教教友，诸如此类的人一样。人们谈到日本人，或许也谈到中国人的温文尔雅，但那种温文尔雅完全是深层的。我在日本待了三十多天，结交了许多好朋友。

---

1 Attila 为北欧传说中的匈奴王阿提拉，为了得到古德卢恩（Gudrun）的财产继承权而娶她为妻。他杀死了古德卢恩的兄弟，最后为古德卢恩所杀。

他们从不向我唠叨什么奇闻逸事。他们从不跟我谈他们的私生活——他们的生活的确是隐蔽的——我也不跟他们谈我的生活，而我却感到我们是朋友，因为我们可以交谈，不仅仅谈论我们身边具体的事，我们也有真正的话题，比如宗教和哲学。

我已经说过冰岛和日本，现在我们要说的，也许是岛屿之中最神秘的岛屿，一个为我所热爱的国家——它奔腾在我的血液里。我所说的当然是英国。我记得诺瓦利斯[1]说过："Jeder Engländer ist eine Insel."（每一个英国人都是一座岛屿。）与生活在巴黎或布宜诺斯艾利斯的人相比，一个英国人当然是一个岛民。伦敦这座隐蔽的城市充满了奥秘，我完全喜欢它，我把英语和英国文学看作人类诸多最伟大的冒险活动中的一项。

为什么不谈谈另一座神秘的岛屿？为什么不谈谈曼哈顿？当一个人想到曼哈顿，他就会想到纽约这座大众的城市。不过它会使你失明，就像太阳会使你失明。太阳当然是神秘的。据我们所知，只有鹰能够直

---

1 诺瓦利斯（Novalis，1772—1801），德国浪漫主义早期诗人、作家、哲人，著有诗歌《夜之赞歌》《圣歌》，小说《海因里希·冯·奥弗特丁根》等。

视太阳。我无法一睹纽约，不是因为我双目失明，而是因为纽约使我失明，与此同时我又爱着它。当我说到纽约时，我立刻就想起了沃尔特·惠特曼。沃尔特·惠特曼是那种不能被一笔带过的人之一。在美国作家中有不少这样的人。如果没有埃德加·爱伦·坡，没有沃尔特·惠特曼——我是说惠特曼所创造的神话，而不是他这个人——没有赫尔曼·梅尔维尔，没有梭罗，没有爱默生，文学就不会是今天这个样子。我热爱爱默生，我非常喜欢他的诗歌。对我来说他是唯一一位智性的诗人——不管怎么说，唯一一位有自己思想的智性的诗人。别人只有理智，但完全没有思想。至于爱默生，他既有思想，又是一个彻头彻尾的诗人。他影响了艾米莉·狄金森。狄金森大概是美国——我想也是我们美洲——有史以来发现的最伟大的女作家和最伟大的诗人。

这样我就谈到了四座岛屿：冰岛、日本——我知道我会终生回想日本——英国和纽约。但是我们何必没完没了地谈论岛屿呢？让我们换个不同的问题，我希望能有个颇为不同的回答，尽管我翻过来调过去谈的是一回事。我是个老人，原谅我。

威利斯·巴恩斯通（以下简称巴恩斯通） 当哈特·克莱恩[1]在打字机上打出"this great wing of eternity"（这永恒的伟大翅膀）时，他意识到他是把"这永恒的伟大瞬间"的"瞬间"（wink）一词打错了，本来这样要好得多，但他没有改过来。

博尔赫斯 "瞬间"比"翅膀"好吗？不，我不这样看，我不同意你的意见。你怎么会觉得"瞬间"比"翅膀"好？噢，听我说，你可别这么想。

巴恩斯通 不管怎么说，哈特·克莱恩不是在打字机上，就是在判断上犯了个错误。我要问你的问题是，我们犯过很多错误……

博尔赫斯 我认为"翅膀"总是比"瞬间"好。

巴恩斯通 错误有个人的、职业的和文字上的。有些错误把我们引向灾难，有些却为我们带来好运。

1　哈特·克莱恩（Hart Crane, 1899—1932），美国诗人。

博尔赫斯 我的一生是一部错误的百科全书。一座博物馆。

巴恩斯通 用罗伯特·弗罗斯特的话说，我们应当选择林中的哪条小路？你能否告诉我们，当你在生活中走错了路，你都碰到过怎样的灾难或好处？

博尔赫斯 你是指我错写的书吗？

巴恩斯通 是的，还有你错爱上的女人和你错花的时间。

博尔赫斯 是的，但我有什么办法？所有这一切，错误的女人、错误的行为、错误的事件，所有这一切都是诗人的工具。一个诗人应当把所有的东西，甚至包括不幸，视为对他的馈赠。不幸、挫折、耻辱、失败，这都是我们的工具。我想你不会在高高兴兴的时候写出任何东西。幸福以其自身为目的。但是我们会犯错误，我们几乎每天夜里都要做噩梦，我们的任务就是把它们变为诗歌。而如果我是一个真正的诗人，我就会觉得我生命的每一时刻都具有诗意。我生命的每一时刻就像一种黏土，要由我来塑造，要由我来赋之以形态，把它炼成诗歌。所以我觉得我不该为自己的错误而抱歉。这些赋予我的错误产生于极其复杂的因果之链，或者毋宁说无止境的结果与原因之链——也许我们的错误并非始于原因——以便让我将它们转化为诗歌。我有一件良好的工具：西班牙语。当然我也受惠于英语，受惠于我对拉丁文的记忆，以及另一种我所热爱的语言：德语。如今我正在学习古英文，也在努力对日语有所了解，我希望我能继续下去。我当然知道我已经八十岁了，我希望我会随时死去，但我又能拿死亡怎么办呢？只好继续生活，继续做梦，既然做梦是我的任务。我不得不时刻沉浸在梦境之中，然后这些梦就只能变成话语，而我也只能抓住它们，尽我最大或者最糟的努力运用它们。所以我想我不该为我的错误而抱歉。至于说到我自己的作品，我从不回过头来重读，我并不了解它们。我是不得不写时才写点东西。一旦它发表了，我就尽量把它忘记，这也很容易。既然我们是在朋友们中间，我就告诉你们：当你们走进我的家——我在布宜诺斯艾利斯城北梅普街上的家，希望你们都能在适当的时候来访——你会发现那是一座挺不错的图书馆，但其中没有一本我自己的书，因为我不允许它们在我的图书馆里占一席之地。我的图书馆只存好书。我怎么能和维吉尔或斯蒂文森比肩而立？所以我家里没有我自己的书，你一本也找不到。

奥克朗代尔　博尔赫斯，既然你说到你的家，我就想说，你是生有定处而又到过所有的地方。

博尔赫斯　不，不，不是所有的地方。我希望去中国和印度。不过，我已身在那里，既然我读过吉卜林的著作和《道德经》。

奥克朗代尔　或许你可以把我们带到我们大多数人从没去过，或将要去的地方，讲讲老布宜诺斯艾利斯城中你长大的那块地方，讲讲布宜诺斯艾利斯的街道和它的历史。

博尔赫斯　我对它实在所知甚少。我出生在城里

神秘的岛屿

贫民窟颇为集中的一边，名叫巴勒莫，但我对那个地方从未感兴趣——它使我感兴趣要到1929年左右——在我还是一个小孩时，我所记住的都是我读过的书。和那个地方相比，那些书要真实得多。所以说实在的，我的记忆里装的是斯蒂文森、吉卜林、《一千零一夜》和《堂吉诃德》（还是个孩子的时候我就开始读这本书了，以后一直没放下，特别是第二部，我要说这部分写得最好。第一部或者可以无伤大雅地略去，除了第一章，那写得的确精彩）。所以关于我的童年我有什么好说的呢？只有一点点。我还记得我祖上的照片，我还记得几把曾经东拼西杀的刀剑——你们管那叫西方的胜利，而我们管那叫 La conquista del desierto（征服荒漠）。我爷爷打过"红种"印第安人，或如我们所称的潘帕斯草原印第安人——Los indios pampas。但是我自己只是零零星星地记得一点那时的事。我的记忆主要是关于书籍的。事实上，我几乎记不清我自己的生活。我不记日子。尽管我知道我旅行过十七八个国家，可我说不清我先到过哪儿，后到过哪儿，我也没法告诉你们我在一个地方待过多久。整个这一切就是地区、意象的大杂烩。所以看起来我们又回到了书本上。别人一跟我说话这种情况就会发生。我总是回到书本上，回到引文上。我记得我的英雄之一爱默生，曾经就此警告过我们。他说："让我们当心吧，生活本身也许会变成一段长长的引文。"

巴恩斯通 我想向你请教一下有关地狱的问题。

博尔赫斯 我对此再熟悉不过了。

巴恩斯通 什么是地狱？现在每一秒钟都是末日吗？这是你在噩梦中所发现的吗？地狱对你意味着什么，博尔赫斯？

博尔赫斯 首先，我很高兴我的朋友提到噩梦，因为噩梦不同于其他任何梦。我读过许多解梦的书和心理学著作，但我从未发现什么关于噩梦的有趣论述。然而噩梦不同于其他梦。"噩梦"这种叫法就挺有意思。我想从词源学上讲噩梦有两个含义。噩梦或许是夜的寓言，德语词 Märchen 与此意相近。或者也许它指夜的幽灵，或者正如我们所知，它指的是一匹母马[1]。我想莎士比亚描写过噩梦,这笼罩大地的夜幕,而我热爱的雨果肯定读到过那些描写,因为在一本书中他写到"Le cheval noir de la nuit",夜的黑马,这匹马当然是指噩梦。瞧,我想在日常的不幸与噩梦之间,最大的区别就在于噩梦有着另一种味道。我过去有过许多不愉快的时候。每个人都有过。但我从来没有噩梦的感觉,除非我真的做了噩梦。我会想——为什么不呢?如今没有不可能的事,而我们又是在朋友们中间,所以尽管这说出来令人很难受,我还是必须严肃地对你说——噩梦是地狱存在的证明。在噩梦中我们感受到一种十分特殊的恐惧,它完全不同于我们所知的任何一种恐惧。不幸的是我太了解噩梦了,而它们对文学相当有用。我记得那些辉煌的噩梦——它们到底是梦呢还是创造?反正都一样——德·昆西[2]在他的《英国瘾君子自白》中所描写的那些辉煌的噩梦。埃德加·爱伦·坡的许多故事也是如此。你也许会发现这句

---

1 英文"噩梦"(nightmare)一词由 night 与 mare 构成,mare 有"母马"之意。

2 托马斯·德·昆西(Thomas De Quincey,1785—1859),英国散文作家、英语文体家。

话或那句话写得不好，或者我们不喜欢这个或那个隐喻，但它们的确是噩梦。当然，在卡夫卡的著作中你也能找到噩梦。所以说到地狱，它也许真的存在。也许在某地有一个国度，那儿的一切都是噩梦。但愿这是空话，因为我们已经尝够了噩梦，它就像切肤之痛一样真切，一样不可忍受。

至于地狱，依我看它不是一个地方。人们也许是由于读了但丁的《神曲》而觉得地狱就是一个地方，但我视之为一种状态。我记得在弥尔顿的一段诗中，撒旦说："我即是地狱。"在我与玛丽亚·儿玉一起翻译安杰勒斯·西莱修斯[1]所著的《漫游的智天使》（*Der Cherubinischer Wandersmann*）时也遇到过同样的说法，即一个灵魂若受到神的诅咒，则他将永远难逃地狱之苦。他没有必要去寻找通向天堂之路。瑞典伟大的神秘主义者斯威登堡也持基本相同的看法。被神诅咒者戚戚于地狱，而在天堂其哀愁更甚。假如你想一下子

---

[1] 安杰勒斯·西莱修斯（Angelus Silesius，1624—1677），德国天主教神父、宗教诗人、神秘主义者，其作品主要是亚历山大体对句的短诗，探索神秘主义、冥想祈祷和基督教背景下的万有在神论等主题。博尔赫斯的诗歌常引用安杰勒斯及其作品。

了解斯威登堡的全部哲学，你可以在萧伯纳的剧本《人与超人》的第二幕中找到。尽管剧中不曾提及斯威登堡的名字，但是整个天堂与地狱的样子都实实在在地写了出来，没有奖赏，没有惩罚，那是一种灵魂的状态。与其说灵魂寻找通向地狱或天堂之路，不如说灵魂把自己变成地狱或天堂。我已经八十岁了，每天晚上我都发现我有时活在幸福之中，也许这就是天堂；而有时我感到心情不畅，或许我们可以并不过分夸大地使用一个隐喻，称这为地狱。

奥克朗代尔　博尔赫斯，你曾说过观看是盲人的特权。你谈到了曼哈顿，我想我们这些听众中间有很大一部分人还从未见识过美国的人民与文化……

博尔赫斯　这儿有这么多种人，他们是如此不同。

奥克朗代尔　你是否可以给我们谈谈美国及其各种人、各种文化之间的差别？

博尔赫斯　一个大问题。我怕我没有资格来回答它。但我可以说，我对得克萨斯州，特别是奥斯汀有着非常亲切的回忆。我是在 1961 年与我母亲一起通过得克萨斯来初次认识美国的。我母亲已在四五年前以九十九岁高龄去世了。我热爱美国南方，不过既然我提到那么多东部作家，所以我也热爱东部。而如果让我来看中西部，我肯定要按照卡尔·桑德堡[1]的方式来看。我也喜欢桑德堡，但二十世纪美国伟大的诗人是罗伯特·弗罗斯特。这是我要挑出的名字。不过说实话，我想我不喜欢相互"对立"的事物。我热爱所有的国家和所有我读过的作家（有许多我不曾读过的作家也在影响着我）。我是过去，整个过去的信徒。我不相信流派，我不相信年表，我不相信标明创作年代的作品。我认为诗歌应当是匿名之作。比如说，如果我能选择，我会乐于让他人加工、重写我的一行诗、一篇小说，以便让它们流传下去，我希望我个人的名字会被忘掉，正如在适当的时候会是这样。所有作家都面临这个问题。对于那些创作了那辉煌的梦——

1　卡尔·桑德堡（Carl Sandburg, 1878—1967），美国诗人、作家，生于伊利诺伊州，曾三度获得普利策奖，主要作品有《芝加哥诗集》等。

《一千零一夜》的人们的名字，我们知道什么呢？我们一无所知，我们也不在乎。我们知道哪些莎士比亚的私生活？我们一无所知，我们也不在乎，既然他把他的私生活化作麦克白、哈姆雷特，化作十四行诗。那些十四行诗当然是暧昧不明的。斯温伯恩[1]说那些十四行诗是"神圣又危险的文献"。说得好。不过我不知道这说得对不对。我认为对于一位作者来讲，最好是他能成为传统的一部分、语言的一部分，因为语言将使用下去而书籍会被遗忘。也许每一个时代都在一遍又一遍地重写同样的书，只是改变或加入一些细节。或许永恒之书皆相同。我们总是在重写古人写过的东西，而这就证明足够了。

就我个人而言，我没有野心。我想人们在我身上有太多的误会。我是一个被抬得过高的作家。同时我要感谢你们所有的人能认真地对待我。我不这样看自己。

1　阿尔加侬·查尔斯·斯温伯恩（Algernon Charles Swinburne，1837—1909），英国诗人、作家、批评家。

巴恩斯通　刚才讲了地狱，你能用同样的推论给我们讲讲天堂吗？

博尔赫斯　我读过一位英国牧师写的一本书，书中说天堂里有更多的愁苦。我相信这一点。我也希望如此。因为快乐毕竟是无法忍受的。我们会有片刻的快乐，但一种永恒的快乐却是无法想象的。不过我个人并不相信来世。我希望我有个结束。当我感到难过，当我忧心忡忡——我总是忧心忡忡——我就对自己说：何必忧愁呢？任何时刻拯救都会以毁灭和死亡的方式到来。既然我就要死了，既然我随时都会死去，何必还要为诸事烦恼呢？我所寻找的并不是彻底的黑暗，因为黑暗毕竟也是一种存在。不，我所欲求的是被忘掉——而我当然会被忘掉。任何事物都会在适当的时候被忘掉。

奥克朗代尔　今天你说过，所有航程中最艰难的航程，是那即将到来的航程；预感到这一点也是最艰难的事。你想就此谈谈吗？

博尔赫斯 我怀疑我是否这样说过。我说的是期待某事令人厌烦。不过一旦事情发生了，现在很快就会变成过去。它滑入过去。我读过布拉德雷[1]一本很好的书。这本书名叫《现象与实在》，他在书里把时间说成一条河流。嗯，当然，赫拉克利特等许多人都这么看，沃尔夫[2]就写过《时间与河流》。布拉德雷认为时间从未来流向我们。我们总是溯流而上。而未来转变或溶解为过去的时刻，就是此刻。目前只是未来变成过去的时刻。大约六个月前我动过一次相当疼痛的大手术。开始我感到害怕，后来我告诉自己，这恐惧、这预感，再过三天三夜就会变成手术的一部分了。这样一想我倒觉得颇为幸运。

巴恩斯通 你一直沉浸于诺斯替教派[3]和神秘主义

1　F. H. 布拉德雷（F. H. Bradley, 1846—1924），英国唯心主义哲学家、逻辑学家，新黑格尔主义的代表。

2　托马斯·沃尔夫（Thomas Wolfe, 1900—1938），二十世纪初美国最重要的小说家之一。

3　诺斯替教派，又称灵智派，基督教早期异端，认为物质世界由低于至高神的"劣等神"所造，而至高神的本质是"心灵""生命"和"光"，有一个真实存在的精神世界与邪恶的物质世界相平行。

者的著作中，沉浸于卡巴拉哲学和《光辉之书》中。

博尔赫斯　我下了大力，但我知之甚少。

巴恩斯通　你一直对神秘主义者们感兴趣——

博尔赫斯　与此同时我本人不是神秘主义者。

巴恩斯通　我猜你会认为神秘主义者们所领受的，既是真正的体验，又是现世的体验。你能否谈谈你对其他人著作中神秘体验的看法？在修士路易斯·德·莱昂[1]的……

博尔赫斯　我怀疑修士路易斯·德·莱昂是否有过什么神秘体验。我要说他不曾有过。当我说到神秘主义者，我想到的是斯温伯恩、安杰勒斯·西莱修斯，还有波斯人。西班牙人不算，我认为他们没有过任何神秘体验。

1　路易斯·德·莱昂（Luis de León，1527—1591），活跃于西班牙"黄金时代"的诗人、神学家、奥古斯丁修会修士。

巴恩斯通　那么十字若望[1]呢?

博尔赫斯　我以为十字若望的诗只是模仿了《雅歌》的形式。如此而已。依我看他从没有过什么实际的体验。在我一生中，我只有过两次神秘的体验，但我讲不出来，因为这些体验无法诉诸语言，因为语言毕竟只能描述人所共有的体验。如果你不曾有过这种体验，你就不能产生共鸣——这就像你要谈咖啡的味道，而又从未喝过咖啡一样。我一生中两次有过这种感觉，比其他任何感觉都更令我惬意。它令人惊讶，令人震惊。我陶醉其中，吃惊不浅。我觉得我不是活在时间之内而是活在时间之外。我不知道这种感觉持续了多久，既然我是在时间之外。也许一分钟，也许要长一些。但我知道是在布宜诺斯艾利斯，一生中有两次。一次是在城南靠近宪法火车站的地方。我莫名其妙地感到我超越了时间。我努力捕捉这种感觉，但它来无影去无踪。我为此写过好几首诗，但它们写得

1　十字若望 (San Juan de la Cruz，1542—1591)，西班牙神秘主义神学家、诗人、加尔默罗会的修士，他是反对宗教改革的主要人物之一。

一般，没有道出那次体验。我没法把这种体验讲给你们听，因为我没法重新把它讲给我自己听。但我有过这种体验，而且有过两次。也许在我死之前它还会同意再一次光临。

奥克朗代尔　为什么你想去中国旅行？你希望能在那里找到什么？

博尔赫斯　我有一种感觉，我一直身在中国。在我捧读赫伯特·阿伦·翟里斯[1]的《中国文学史》时我就这么觉得。我多次读过《道德经》的许多种译本。我认为阿瑟·韦利[2]的译本最好，但我也读过卫礼贤[3]的译本和法文译本，西班牙文的译本也有好多种。此外，

1　赫伯特·阿伦·翟里斯（Herbert Allen Giles，1845—1935），英国汉学家，曾任驻华外交官，与威妥玛一起发明了汉语罗马化的威妥玛拼音，另译有《中国文学著作》《英译中国诗选》和《中国诗选》（与韦利合译）等。

2　阿瑟·韦利（Arthur Waley，1889—1966），英国汉学家。韦利另译有《中国诗一百七十首》《中国诗选》，著有《白居易的生平与时代》《李白诗歌及生涯》等。

3　卫礼贤（Richard Wilhelm，1873—1930），德国汉学家、传教士，曾将《易经》译为德文，著有《中国心灵》等。

我在日本待过一个月。在日本，你始终能够感受到守护神一般的中国的阴翳。这与政治无关，这与日本文化是它自己的文化这一事实无关。在日本，人们感受中国就像我们感受希腊。我当然知道我永远搞不懂中文，但是我要不断地阅读翻译作品。我读过《红楼梦》，我不知道你是否读过。我读的是英文和德文两种译本，但是我知道还有一种更加完备的，也许是最忠实于原文的法文译本。我可以肯定地告诉你，《红楼梦》这部书就像它的书名一样好。

巴恩斯通　请把我们带回意识之岛，回到那词语、思想与感觉的源泉，告诉我们在语言之先，在博尔赫斯铸造词语之前，博尔赫斯的意识是怎样一种状况。

博尔赫斯　我想我可以说写诗或写寓言——反正最终都一样——这个过程不以个人意志为转移。我从未尝试过什么主题，我从未寻找过什么主题。我让主题来寻找我，然后走上大街，或者在我家里，一个盲人的小小的家里，我从一个房间踱到另一个房间，我感到有什么东西要到来，也许是一行诗，也许是某种文学形式。我们可以用岛屿来打个比方。我看到岛屿的两端，这两端就是一首诗、一篇寓言的开头和结尾。仅此而已。而我不得不创造、制造两端之间的东西。这得由我来做。诗神缪斯——或者用一种更好、更幽暗的称呼，圣灵——所给予我的就是一篇故事或一首诗的结尾和开头。于是我只好把空填出来。我也许会走错了路而原路返回。我只好再创造些别的东西。但我总是知道开头和结尾。这是我个人的经验。

　　依我看每个诗人都有他自己的方法。据说有些作家只要有开头就能写下去，在快要结束时他们发现或创造——两个词说的是一回事—— 一个结尾。但是我自己却必须在知道了开头和结尾之后才下笔。我尽量避免让我的观点打扰我的创作。我只考虑寓言本身而不考虑其寓意。观点、政治如过眼烟云，我个人的观点时时都在改变。但是在我写作时我努力忠实于梦。我只能说这些。在我刚开始写作的时候，我的作品有一种相当浓厚的巴洛克[1]风格，我尽量模仿托马斯·布

1　巴洛克，盛行于十七世纪的意大利，影响欧洲和拉美的一种注重复杂装饰的艺术风格。它的特点是一反文艺复兴盛期的严肃、含蓄和平衡，而倾向于华丽和浮夸。

朗爵士[1]或贡戈拉或卢贡内斯[2]或其他人写作。那时我总是想欺骗读者，总是使用古词、偏词或新词。但是现在我尽量使用很简单的词汇，我尽量避免使用英语中被认为古奥艰涩的词汇，我尽量避开它们。我认为我写得最好的短篇小说集是最近的一本《沙之书》。在这本书里，我想没有一个词会限制或妨碍读者。这些小说叙事简朴，尽管故事本身并不平直，既然宇宙间没有平直的事，既然每件事都是复杂的。我把它们装扮起来，写成朴实的小说。事实上那些小说我反复写了九到十遍，而我却想让它们看起来仿佛不事斟酌。我要它们越平凡越好。如果你们不曾读过我的书，那么我要斗胆推荐我的两本书给你们，一个小时左右的时间就能读完，仅此而已。一本是诗集，名叫《月亮的故事》[3]，另一本就是《沙之书》。至于其他书，你们尽管忘掉好了。如果你们这样做我会不胜感激，因为

1　托马斯·布朗爵士（Sir Thomas Browne，1605—1682），英国作家、博学家。

2　莱奥波尔多·卢贡内斯（Leopoldo Lugones，1874—1938），阿根廷诗人。博尔赫斯曾指出，在阿根廷作家中卢贡内斯是他首要的领路人。

3　应为《夜晚的故事》。——原注

我已经把它们忘记了。

巴恩斯通　死亡是时间的标志。我们有两种死亡：出生之前和生命结束以后。这两种死亡人人有份，但也许个人真正的死亡是我们每日不断经历的，我们想象它……

博尔赫斯　圣保罗说过："我天天死亡。"

巴恩斯通　我们现在还只能是对死亡加以认知。神秘主义者们称"生中之死"（death-in-life）的感觉为一种时间以外的体验。你是怎样理解死亡的？

博尔赫斯　我认为一个人总在死亡。每一次我们不能有所感受，不能有所发现，而只能机械地重复什么的时刻，就是死亡的时刻。生命也会随时到来。如果你单独拿某一天看看，你就会发现这一天里有许多次死亡，依我看，也有许多次诞生。但是我不想做一具行尸走肉。我尽量保持对事物的兴趣。我始终在接受着各种经验。这些经验会变成诗，变成短篇小说，变成寓言故事。我始终在接受它们，尽管我知道很多事情我只是机械地去做，去说，这意味着，与其说它们属于生命，不如说它们属于死亡。

奥克朗代尔　我想请你把我们带到某个你不曾去过的地方。

博尔赫斯　我要说那个地方是过去，因为现在是很难改变的。现在的某些东西既坚固又僵硬。但是说到过去，我们则时时都在改变着它。每当我们想起什么，我们都稍稍改变了我们的记忆。我想我们应该感谢整个过去，感谢人类历史，感谢所有的书籍，感谢所有的记忆，因为说到底，我们所拥有的只有过去，而过去则是一种信念。比如我说"我于1899年生于布宜诺斯艾利斯"，这就是信念。我根本记不得我的出生。如果我父母告诉我"你生于三世纪的廷巴克图"，我当然也会相信他们。但是我对这一事实毫不怀疑，因为我想他们不会对我撒谎。所以当我说我于1899年生于布宜诺斯艾利斯时，我所做的其实是对于一种信念的信服。

要回到过去，过去是我们的财富。这是我们唯一拥有的东西，它可以由我们来支配。我们可以改变它，我们可以把那些历史人物想象成别的样子。合成过去的不仅仅是具体发生过的事件，而且还有梦境，这一事实非常之好。我要说对我们来讲，麦克白属于现在就像他属于过去，就像瑞典的查理[1]、尤利乌斯·恺撒或玻利瓦尔。我们有书，而这些书实在都是梦。每一次我们重读一本书，这本书就与从前稍有不同，而我们自己也与从前稍有不同。所以我认为我们可以踏踏实实地依靠"过去"那个巨大的集市。我希望我能够继续寻找通向那个集市的道路，并将我对生命的切身体验投入其中。

1　瑞典的查理，即查理十二（1682—1718），武功卓著，同时爱好数学和其他科学，并在建筑、绘画、神学和哲学等方面均有造诣。

2

当我醒来

印第安纳大学，
1976 年 3 月

当我醒来，看到的是糟糕的事情。
我还是我，这令我惊讶不已。

巴恩斯通　假定说你想要一个煮熟的鸡蛋？

博尔赫斯　什么意思？当然好。

巴恩斯通　我来帮你剥鸡蛋壳。

博尔赫斯　瞧呀，我连个煮鸡蛋都不能剥了。连个鸡蛋都剥不了！

巴恩斯通　把煮鸡蛋带到广播电台去，不好吗？

博尔赫斯　我觉得这个结合倒挺好：煮鸡蛋和广播电台！

巴恩斯通　博尔赫斯，你会把它们写到一首诗里去吗？

博尔赫斯　不，我不会。不过依我看，所有的东西都能入诗，所有的词汇都可以写诗。事实上，一切正是如此。你知道，什么都可以做，但能够谈论的东西却极少。

巴恩斯通 我有些问题。也许啰唆，但你的回答不会是这样。

博尔赫斯 问题能简练一点儿吗？

巴恩斯通 我们知道，意识存在于每个人的脑海之中；然而我们只清楚自己的头脑。不论过去还是现在，有时当我们醒来，我们就会为人类头脑的相互独立而困惑。

博尔赫斯 嗯，这可是一个有关唯我论哲学实质的问题，不是吗？瞧，我并不相信唯我论，否则的话我就会发疯的。但是当然，我们存在，这是一个令人费解的事实。

在我们存在的同时，我觉得我并没有梦见你，或者换一种说法，你并没有梦见我。但是这种对于生命感到困惑的事实也许就是诗歌的本质。所有的诗歌依存于对于事物的陌生感，而所有的修辞则依存于将事物认为是不足为奇和显而易见的。我当然对我的存在，对我存在于一个身体之中，要用眼睛看，要用耳朵听之类的事实感到困惑。也许我所写的每一件事都只不过是一个隐喻，都只不过是我为万物所困惑这样一个核心主题的不同表述。在这种情况下，依我看，哲学和诗歌就没有什么根本的差别，因为两者关心的是同一种困惑。其不同之处仅仅是，在哲学中，答案的得出具有逻辑性，而在诗歌里，你运用的是隐喻。如果你使用语言，你就不得不始终运用隐喻。既然你了解我的著作——姑且这么说吧，我认为它们算不上著作，真的——既然你了解我的"练习"，我想你一定已经感到我始终都被困惑着，我在努力为我的困惑寻找一个基础。

巴恩斯通 在辛辛那提，当一个崇拜者对你说"愿你能活一千岁"时，你回答"我高高兴兴地盼望着死去"。此话怎么讲？

博尔赫斯 我是说当我心绪不佳的时候——这对我们所有的人都是常事——我就自我安慰：再过几年或再过几天，我就将死去，到时候一切烦恼就都无所谓了。我盼望着被抹掉。但是如果我想到我的死只是一个假象，死后我还要继续老下去，那么我就会觉得非常非常难过。因为，我的确已经对自己感到厌倦了。当然了，如果我死后还活着，而我个人已经不记得我曾经是博尔赫斯，那么在这种情况下我会觉得无所谓，因为在我出生之前也许我已经做过很多人了，但是那些事情不会使我忧心，既然我可以忘记。当我想到死亡的必然性，想到死亡，我便满怀希望，满怀期待。可以说我贪图一死，我不想每天早晨爬起来发现：哦，我还活着，我还得做博尔赫斯。

西班牙语里有一个词，我想你们知道，但不知现在是否还用。在西班牙语里你不说"醒来"，而说recordarse，意思是，记录你自己，想起你自己。我母亲过去常说："Que me recuerde a las ocho."（我要在八点钟想起自己来。）每天早晨我都有这种感觉，因为我已经多多少少不存在了。再有，每当我醒来，我总是觉得失望，因为我还活着，还是同一个愚蠢而又古老的游戏没完没了。我不得不做某个人，我不得不做得惟妙惟肖。我有某些义务，其中之一就是活过这一整天。这样，我就看到了伸展在我面前的整条道路，而所有的事物都自然而然地使我疲惫不堪。当然，在你年轻的时候你不会有这种感觉。你会觉得，呵，真高兴我又回到了这个了不起的世界上。但是我想我从没有过这种感觉，甚至在我年轻的时候，并且尤其是在我年轻的时候我也没有过。如今我已经听天由命了。如今我醒来就说：我又得面对一天。我就这样把一天打发掉。依我看，人们之所以有不同的感受，是因为很多人认为不朽是一种幸福，也许是因为他们尚未意识到这一点。

巴恩斯通　他们尚未意识到哪一点？

博尔赫斯　没完没了地活下去这件事，可以说，简直可怕。

巴恩斯通 这会成为另一座地狱，就像你在一篇小说中说的那样。

博尔赫斯 是的，会成为的，是的。既然俗世生活已是地狱，我们何必还要从一座地狱走向另一座地狱，受更多更大的罪！

巴恩斯通 再受两百年的罪？

博尔赫斯 对呀。哦，你当然可以说那两百年不存在，因为真正存在的是此刻。此刻正在被过去和对未来的恐惧所压垮。的确，我们何尝谈论过此刻？这是因为此刻就像过去和未来一样抽象。在此刻，你也总会有点属于过去，有点属于未来。你始终都在从一个阶段滑向另一个阶段。

巴恩斯通 但是你一生中显然也有过兴高采烈的时刻。

博尔赫斯 是的，我想每个人都有过这种时刻。

但是我拿不准。依我看那些时刻或许比你所记得的要更美好，因为在你快乐时你会忘乎所以。人们只有在心绪不佳时才有所意识。

巴恩斯通　意识到快乐往往导致自我怀疑。

博尔赫斯　不过我想我有过快乐的时刻。我想每个人都有过。有些时刻是快乐的，比如说，恋爱、骑马、游泳、与朋友交谈，再比如说，对话、读书，甚至写作，或者更确切地说，不是写作而是创造某些东西。当你要坐下来写出它们时，快乐就终止了，因为你要考虑技巧问题。不过我想，心有所得是会让你高兴的。有时在你即将入睡时，你也会感到愉快，至少我是如此。我还记得我第一次服用安眠药的情景（它们当然有效，因为此前我还从未服用过）。我曾对自己说：现在听听有轨电车，它正拐过街角，我不会听到它发出的最后的隆隆声响了，因为到时候我已入睡。想到这儿我感到非常非常愉快。我想到了无意识的世界。

巴恩斯通　你在乎文坛的承认吗？你希求荣誉吗？

博尔赫斯　不，不！那些东西是不存在的。但是同时，如果我获得了荣誉——也许我已经获得了——我觉得我要感谢大家。我是说倘若大家认真对待我，我想，嗯，他们是搞错了。与此同时我还是应该感谢他们。

巴恩斯通　你是否为下一首诗、下一篇小说或下一篇随笔、下一次交谈而活着呢？

博尔赫斯　是的，是的，我是这样。

巴恩斯通　看来你是个幸运的人，有写不完、记不完的东西纠缠着你。你知道你为什么注定要当作家吗？这种命运或这种纠缠？

博尔赫斯　我唯一知道的是我需要这些纠缠，否则的话，我还活着干什么呢？我当然不会自杀，但我会感到极不公正。这不是说我特别看重自己的写作，我只是说我不得不写。因为如果我不写出什么并被纠缠在里面，那我就只好写完了再把它扔掉。

巴恩斯通 在《理想国》中，柏拉图花了很大功夫以寻求正义的定义，一种公众的定义。他的见解对我们个人来讲有效吗？你这将以死亡告终的生命是一次合理的生命实验呢，还是对于身心两者的生物学意义上的欺骗？柏拉图论述的是公众的正义，那么以死亡作论据，你是否信仰个人的正义？

博尔赫斯 我想天底下只有一种正义，那就是个人的正义，因为说到公众的正义，我不知道它是否真的存在。

巴恩斯通 你相信个人正义的存在吗？我们怎样判断道德和末日审判呢？

博尔赫斯 我们知道在我们生命的每一时刻，我们不是做对事就是做错事。我们可以说，就在我们做事有错有对的时候，末日审判始终在进行着。末日审判并非要等到最后才开始。它始终在进行着。我们知道，在我们做对了事或做错了事的时候，它通过某种直觉体现出来。

巴恩斯通　生命中是否会由于死亡而出现生物学意义上的反叛呢？

博尔赫斯　我不懂你刚才所说的生物学意义上的反叛。"生物学"这个词对我来讲很模糊。恐怕我不能领会这个词，不能。

巴恩斯通　那么说"肉体"吧。

博尔赫斯　哦，肉体，是的。我想我明白了。我是个头脑简单的人。如果你在那些大词里绕来绕去，什么生物学、心理学……

巴恩斯通　我们是在用你父亲可能用过的语言说话，对吗？

博尔赫斯 对，他也许用过，但他很少这样讲话。他是个心理学教授，也是个不可知论者。

巴恩斯通 我在学生时代花过一年时间来探求意识的核心，但我从未发现过。

博尔赫斯 我想你没法发现，它总是避开你。

巴恩斯通 但是我的确发现探求自我既让人神魂颠倒，又让人无法忍受。

博尔赫斯 说得对。由于我双目失明，我当然只好总是或多或少地这样做。在我失明以前，我总是在观察和阅读中寻找属于我的一角天地，而今我却只好深入内心来思考问题，或者说，由于我拙于思考，我便沉浸于梦想，从某种意义上说这样可以使我的生命在梦中流逝。这是我唯一能做的事。当然我得忍受孤独的长期折磨，但我不在乎。从前我做不到这一点。我记得从前我在布宜诺斯艾利斯南边的小镇阿德奎住过。在我走半小时的路而身边又没带本书时，我便感到很别扭。可如今我可以长时间不摸书本，因为我也读不了书。所以我觉得孤独并不一定让人难受。或者再比如说，如果我失眠了，我也并不在乎，因为时间会过去。时间就像一个大滑坡，不是吗？所以我就这么活下去。瞧，在我未失明的时候，我总是不得不让各种事情把我的时间占满。而今我却不这样了，我就让自己活下去。

巴恩斯通　不过你和别人在一起时总是很快活。

博尔赫斯　但是我生活在记忆里。依我看一个诗人应该活在记忆里，因为说到底，何谓想象呢？我要说想象是由记忆和遗忘构成，它是这二者的交融。

巴恩斯通　你也想办法来对付时间吗？

博尔赫斯　噢，是的，每一个盲人都能获得一种奖赏：他们对时间的感受与众不同。时间不再需要每时每刻都被填满。不需要。你知道你只要活下去就行，让时间依赖你。这会成为某种安慰。我想是一种巨大的安慰，或者也许是一种伟大的奖赏。失明的好处就在于你对时间的感受不同于大多数人。不好吗？你不得不有所记忆也有所遗忘。你用不着记住一切，因为，嗯，我写过一个叫富内斯[1]的人，他发了疯，因为他的记忆无边无际。当然假如你忘记了一切，你也就不复存在了，因为你存在于你的过去之中，否则甚至你是谁你叫什么名字你都不会知道。你应该让记忆与遗忘这两种要素融合起来，不对吗？记忆与遗忘，我们管这叫作想象，这是一个夸张的称谓。

巴恩斯通　我知道你不用夸张的词语，因为你是个作家。

博尔赫斯　是的，因为我对词语疑心很重。一个作家几乎不相信词语。

巴恩斯通　还是回到我原来的问题上来吧：我企图发现我自己，这既让人着迷又让人难以忍受，因为

1　见博尔赫斯小说《博闻强记的富内斯》。

我向内走得越深，我自己便消失得越干净，直到我对一切，甚至对我自己的存在都不敢肯定。

博尔赫斯　嗯，我想是休谟[1]说过，当我寻找自己时，我从未找到过那个我所熟悉的人。世界就是如此。

巴恩斯通　一个人会从白日梦走向噩梦。

博尔赫斯　几乎每天夜里我都做噩梦。今天早晨我还做过一个，但那不是一个真正的噩梦。

巴恩斯通　什么样的梦？

博尔赫斯　是这样的：我发现自己在一座巨大的建筑物里。这是一座砖造的建筑物，有很多空房间。巨大的空房间。砖砌的房间。于是我从一个房间进入另一个房间，但好像都没有门。我总是不自觉地走到

1　大卫·休谟（David Hume，1711—1776），英国经验主义哲学家、历史学家、经济学家，其哲学体系以怀疑论为特点。

院子里。然后过了一会儿我又在楼梯上爬上爬下。我呼喊，可是没有人。那座巨大的不可思议的建筑物空空荡荡。于是我就对自己说：怎么回事，我当然是梦见了迷宫。所以我也不必去找什么门，我只需坐在其中的一间房子里等待就行了。有时我醒来，我的确有时醒来。当我意识到这一点我就自言自语道：这是一个关于迷宫的噩梦，由于我知道这一切，所以我不曾被迷宫所迷。我只是坐在地板上。

巴恩斯通　等着噩梦结束。

博尔赫斯　我等了一会儿就醒了。

巴恩斯通　你还常做其他噩梦吗？再讲几个！

博尔赫斯　有两三个噩梦是我常做的。我现在可以说，迷宫是我常做的噩梦，此外还有一个，与我的失明有关。这是一个我想读书而又读不成的噩梦：我会梦见那些文字全活了，我会梦见每一个字母都变成了别的字母。当我想弄懂开头那些单词的意思时，它们便暴躁起来。那是些长长的荷兰语叠元音单词。有时我也会梦见那些文字的行距变宽，然后字母伸展出枝枝杈杈。在异常光滑的纸页上，那些符号有黑有红，它们长得那么大，简直让人受不了。等我醒来，那些符号还要在我眼前晃一阵子。于是我会想好久：我再也不可能忘掉它们了，我会发疯的。这种梦境大概常常出现，特别是在我失明以后，我老是梦见我想读书而又读不成，因为文字会活起来。这是我常做的噩梦之一。另外一些梦是关于镜子，关于戴面具的人的。我想我有三个基本的噩梦：迷宫、写作和镜子。别的噩梦就多少和大家的差不多了，而那三个是我常做的噩梦，我几乎每夜都做。在我醒来后它们不会马上结束。有时在我还没有完全入睡之前我就已经身在其中了。很多人在沉睡之前就开始做梦，醒来后还要再做一会儿。他们是在半道上的小客栈里做梦，不是吗？在醒与眠之间。

巴恩斯通　那小客栈也是你为写作收集素材的地方，对不对？

博尔赫斯　对，是这样。德·昆西等人也是如此。文学史上有这样一个好传统。德·昆西在把他那些噩梦写出来之前，肯定先要将它们搞清楚，不是吗？因为它们太出色了。此外，它们还得依靠文字才不至于消逝。一般来说，噩梦的形成并不依赖文字。要写出噩梦，其难处就在于噩梦的感觉并不来自意象，而是像柯勒律治[1]所说，是感觉赋予你意象。

巴恩斯通　这是一个主要的区别，因为大多数人的想法与此相反。他们没有把这个问题想通。

博尔赫斯　你写的那些意象也许对你来说没什么含义。你可以在坡身上，[2] 在洛夫克拉夫特[3]身上发现这一点。意象不好并不能说明感觉不好。

1　塞缪尔·柯勒律治（Samuel Coleridge，1772—1834），英国浪漫主义诗人、文艺批评家，代表诗作有《古舟子咏》。文评集《文学传记》中对想象与幻想进行了区别。

2　博尔赫斯此处似指爱伦·坡《创作的哲学》之不可信。关于这一点博尔赫斯在以后的谈话中还会更详细地谈到。

3　H. P. 洛夫克拉夫特（H. P. Lovecraft，1890—1937），美国小说家，以其恐怖小说著称，代表作有《克苏鲁神话》《死灵之书》等。

巴恩斯通　我以为所谓好作家，即是能够恰当地运用意象来呼应感觉的人。

博尔赫斯　呼应一种感觉，是的。否则谁会让你从平常的物象中获得噩梦的感觉呢？我还记得我是怎样从切斯特顿[1]那里印证了这一点的。他说我们可以想象世界的尽头有一棵树，其形状即是罪恶。瞧，"罪恶"是个好词，我想它指的是一种感觉，不对吗？瞧，那棵树是无法描摹的。而假如你想象一棵树，比如说由骷髅、鬼魂做成，那就太愚蠢了。但我们说的是，一棵树，其形状正是罪恶。这表明切斯特顿的确做过一个有关那棵树的噩梦，不对吗？若非如此，他是怎样知道那棵树的呢？

巴恩斯通　我一直对我动来动去的舌头，对为什么我的嘴或我的脑袋能产生话语而大伤脑筋。说出的话就像钟表的走秒，几乎是"秒"自己嘀嗒嘀嗒地走呀响的。

1　G. K. 切斯特顿（G. K. Chesterton，1874—1936），英国散文作家、小说家、诗人、文学批评家。

博尔赫斯　但是我想在你睡着以前你就开始咕哝些无意义的话了，至少我是如此。于是我就知道我快睡着了。当我听到，当我无意中听到我说的那些无意义的话时，就说明我马上就要睡了。

巴恩斯通　嗯，我要问你的是，话语在我们嘴里是怎样出现和形成的？只要时间存在，便有话语存在，思想也是如此。但我不想说那些话，甚至不想要企图说那些话的愿望，是它们占有了我。

博尔赫斯　我想那些话并不表明任何意思，至少你不知道它们的意思。

巴恩斯通　我不是指人睡觉前说的话，我指的是就在此刻你或者我说出的所有的话。换句话说，我不清楚为什么此刻这些话会从我嘴里说出来。有某种力量迫使它们被说出口。我从不操纵它们。我不明白这一点。对我来说这是一种根本的秘密。

博尔赫斯　但是依我看这些话是包含某些思想的。

否则它们就毫无意义或所指不当了。

巴恩斯通　可我觉得这就像一只钟，尽管被包了起来可还是要嘀嗒嘀嗒地响，说出它的话来。我根本不知道为什么现在我能用一种半带逻辑性的语言跟你讲话，或者说为什么你能这样回答我。我对此大惑不解。

博尔赫斯　是的，我想你得接受它。

巴恩斯通　我是接受了，否则我要发疯的。

博尔赫斯　是的，是这样。你甚至可以说如果你拼命想什么事你也会发疯。

巴恩斯通　对。

博尔赫斯　应当小心谨慎地避开思想，对吧？

巴恩斯通　嗯，如果你拼命思索你为什么要思索，你想不出个所以然。不过有时我走在街上会自言自语：不是谁在这条街上走，而是谁在想着他在这条街上走，然后我就真的被难住了。

博尔赫斯 是啊，然后你接着想，谁是这想着他在想着他在想着的人，对不对？我觉得这毫无意义。这仅仅合乎语法，顺理成章，它们只是些词汇而已。

巴恩斯通 这听起来像一面镜子。

博尔赫斯 你也许会碰到另一种情况，你也许会感到一种强烈的肉体的疼痛，比如说，触电或牙疼。而在你感到这种疼痛时，你对疼痛不会有任何感受。事后你说，这是牙疼，这时你才知道你曾感到疼痛。然后你也许会第三次意识到牙疼这件事，就说，嗯，我知道我知道。但这之后我想你就不会再继续往下想了。你可以在其他同样的事情中发现这种情况，因为你反复想同样的事。但我看你不可能想三次以上。如果你说，我想我想我想我想我想我想，那么也许第二个"我想"以后就不太真实了。我读过一本书，是约翰·威廉·邓恩[1]的《体验时间》。他在这本书里说，如果你知道某事，你就知道你知道它，你就知道你知道你知道，你就知道你知道你知道你知道它。于是每个人心中都存在着一个无限的自我。但我想这是无法证实的。

巴恩斯通　我们每次醒来都为我们脑子里正好想到的事、正要说出的话而纳闷，请问你怎样看待这个问题？这既让人兴奋又让人害怕。每次醒来我都为我存在、我是我而感到吃惊。

博尔赫斯　当我醒来，看到的是糟糕的事情。我还是我，这令我惊讶不已。1899 年生于布宜诺斯艾利斯，曾在日内瓦的某个人。

巴恩斯通　你为什么不是北京人，或者为什么不是某个从今往后要活上五百万年的人？

1　约翰·威廉·邓恩（John William Dunne，1875—1949），爱尔兰航空工程师、作家。《体验时间》是他 1927 年发表的一篇关于预知能力和人类时间体验的长文。

博尔赫斯　哦，我曾经有一个异想天开的想法，可以把它用于写作，这就是，我们可以在某个时刻统统变成别人。瞧，既然你变成了别人，你就对此一无所知，打个比方，在某个时刻我将变成你，你将变成我，但由于这变化是彻底的，你失去了记忆，你不知道你的变化。你始终都在变化，你也许要变成月球人，但你不会知道这一点，因为当你变成了月球上的人，你也就有了他的过去、他的记忆、他的恐惧、他的希望，等等。

巴恩斯通　过去的那个自己被一笔勾销了。

博尔赫斯　对。你或许始终在变成别人，可没有人会知道。这种事可能正在发生着。当然，这没什么意义。这让我想起一个短篇小说的构思，只是一篇小说，仅就其文学目的而言，这些想法还不错！但那不是什么太好的文学目的，就是为了引人入胜。

巴恩斯通　在我们体内始终有一种强大的力量要冲出我们的肉体去接触世界，它通过多种方式表现自己：性爱、写作、说话、触摸……

博尔赫斯　通过生活。

巴恩斯通　通过生活。尽管我们只是我们自己，然而在我们体内却存在着一种巨大的冲动要打破我们与外界的隔绝，以包容更广阔的世界。萨福[1]有一个诗歌片段这样概括道："我难于企望／能以我的双臂／触摸天空。"她的想法展现了意欲向外喷发的迫切的生命力。

博尔赫斯　不知我听懂了没有。你是说我们始终要摆脱自己，而且我们不得不这样做。

巴恩斯通　我们在努力扩大自己，以靠近、以触及我们自身以外的世界。

博尔赫斯　我想我们是这样。尽管你知道我们做

1　萨福，古希腊女诗人。活动时期约在公元前 610 至前 580 年，其诗歌多以片段传世。

不到这一点，或者说不能完全做到这一点，而只能以并不完善的方式行事，但我觉得你用不着为此操心，你不该为此感到不快。

巴恩斯通　我们是做不到，但生活艺术的内容之一就是只问耕耘，它引发写作，引发爱情，引发一切把人类约束在一起的事情。

博尔赫斯　既然天假我们以——好吧——七十年的时间，而我们无论如何又必须使这岁月变得实实在在，我们何不尝试一下你说的这些事情呢？我们毕竟要活上一辈子。若非如此，你就会心中烦闷。

巴恩斯通　你显然认为你将来的著作比你早年的成果要更为重要。

博尔赫斯　哦，我只能这样认为。

巴恩斯通　不这样认为精神就要崩溃了。不过我吃惊地发现你似乎认为你近来的诗集不如你早年的诗集重要。

博尔赫斯　我太了解那些诗歌了。

巴恩斯通　我相信你的新诗不论就才智而言还是就情感而言都是你最强有力的作品。你的近期诗作经常表达出一种个人的绝望，这在你的小说和文章中是见不到的。

博尔赫斯　不，我想你错了。你是在我早年诗歌的灯光下阅读我的近作，才觉得它们不错，但是如果它们出自某个无名诗人之手，你读过它们就会扔掉。你不这样看吗？当你读到一个你了解的作家新写的东西时，你就会把他这些近作当成一本大部头小说的尾声，但小说的结尾如果没有前面那些章节的铺垫就会毫无意义。当你想到一个诗人，你总是倾向于认为他的新作是一首好诗，但如果就诗论诗，也许就不是这样。

巴恩斯通　不错，但新诗也帮了旧诗的忙，因为它们完善了一个诗人多重性的声音。没有这些近作，你早年的诗也就不会被充分地接受和理解。

博尔赫斯 嗯，依我看它们是互相帮助。

巴恩斯通 因为它们创造了一个完整的声音。当布莱克[1]说点什么有趣的东西时，那只是其全部特征的一部分，因为他通常总是十分严肃。所以我们说：啊，在这首短诗里布莱克蛮风趣的。

博尔赫斯 一般说来他的诗既冗长又沉闷。

巴恩斯通 对我来说，你的新诗在才智和情感上，都是你最有力的作品。

博尔赫斯 但愿如此。我可不那么看。它们只是些练习。此外，由于某些事情使我感到孤独，由于我思乡心切，那些诗就成了我要回到布宜诺斯艾利斯或

1　威廉·布莱克（William Blake，1757—1827），英国诗人和画家，浪漫主义和象征主义文学的先驱。

者逃避周围事物的尝试，仅此而已。它们仅仅是我为我正在写的新书所做的铺垫。不过我希望你是对的。

巴恩斯通　当你面对一面镜子，或在诗中记下一个梦时，你对悲悯情感的准确勾画这一特质在现代诗歌中是找不到的。你可以不特别看重你的近作，但你要知道你的判断是错误的。

博尔赫斯　我希望我错了！我乐于被你说服，只是我不能。我不想正确。我为什么要正确？我为什么非得坚持说我现在写的都是些破烂货？

巴恩斯通　你的脑海里是否总是潜伏着一首诗，会让你偶然碰上？这是否即是对于一件普通事物的发现，正如你会突然想起你热爱着你的父母一样？是你去找诗呢，还是诗来找你？

博尔赫斯　我要说是诗来找我，而且甚至小说也来找我。我的脑子大了，就得减轻它的负担，而减轻负担的唯一办法就是把东西写出来。别无他法，否则它要一直压着我。

巴恩斯通 你说你的诗歌只是些练习，但它们练习的是什么呢？

博尔赫斯 要我看它们是语言练习，是西班牙语练习，练习诗歌的和谐，也练习押韵。由于我不善于押韵，我便努力侥幸把韵押好。它们也是想象力的练习。我知道我要想写一篇小说，就必须先把它清晰、连贯地构思好，然后我才能写出来。若不是这样，我就写不成。若不是这样，整个东西就成了词汇的大杂烩。这远远不够。一篇小说不但意味着词汇，而且也意味着词汇背后的东西。我记得大概斯蒂文森在他的一篇随笔中说过："什么是书中的人物？书中的人物仅仅是用于串联词汇的一根线。"瞧，我想这句话是说错了。他也许是一根串联词汇的线，但他不应该让我们得出这样的印象，因为当我们想到麦克白或者吉姆爷[1]

---

1 英国小说家约瑟夫·康拉德小说《吉姆爷》中的人物。

或者亚哈船长[1]时，我们觉得那些人物的存在超越于词汇之上。我们并不了解他们的一切，肯定存在着许许多多需要他们去做的事。比方说，我们读到一个人干这干那，然后第二天他又去干另一件事。瞧，作家并未事无巨细都交代一番，但我们却猜得出他要睡觉，他要做梦，他要碰到一些书中没有写到的事。我们会想到堂吉诃德曾经是一个孩子，尽管凭我的记忆书中对堂吉诃德的童年只字未提。所以说人物不应当仅仅是一根串联词汇的线。而如果他不能超越词汇的话，他就不是一个真正的人物，你对他就不会感兴趣。即使是一个只存在于——让我们姑且说——存在于十行诗中的人物也是如此："唉，可怜的郁利克，我太了解他了，霍拉旭。"[2] 这个人物独立自足，可他的存在只是为了在十行诗或者更少的诗行里起到串联词汇的作用。

1　美国小说家赫尔曼·梅尔维尔小说《白鲸》（一译《莫比·迪克》）中的主人公。

2　引自莎士比亚《哈姆雷特》第五幕第一场，哈姆雷特和霍拉旭在墓地，掘墓人指给他们看国王的弄人郁利克的骷髅。哈姆雷特说："可怜的郁利克！霍拉旭，我认识他；他是一个最会开玩笑、非常富于想象力的家伙。他曾经把我负在背上一千次；现在我一想起来，却忍不住胸头作恶。"博尔赫斯此处引文与原剧稍有出入。

巴恩斯通 还是活在别人的嘴里。他甚至不曾在舞台上出现。

博尔赫斯 对，活在别人的嘴里，可你依然觉得真有其人。

巴恩斯通 而且还同情他。

博尔赫斯 而且还同情他。莎士比亚让哈姆雷特来到墓地。他想到了让哈姆雷特接过一个骷髅，一个白色的骷髅——哈姆雷特一身黑衣服——这一切创造出一个颇具感染力的画面。而既然他手持骷髅就不能缄口沉默，他便只好说话，所以说，提到郁利克是莎士比亚技术上的需要。这样他便获得了永久的生命。从这个意义上讲，郁利克远远不止起到串联词汇的作用。依我看斯蒂文森知道这一切，既然他是一个作家，既然他塑造了众多人物，而那些人物又远远不止是一根串联词汇的线。

巴恩斯通 十个词在他手中就能魅力永存。

博尔赫斯　对，这很奇怪是不是？

巴恩斯通　我想问一个很个人的问题。

博尔赫斯　唯有个人的问题才有意思。别提什么共和国的未来、美洲的未来、宇宙的未来！那些东西毫无意义。

巴恩斯通　我想这些问题都比较个人化。

博尔赫斯　它们应当个人化。

巴恩斯通　你对你的朋友们有没有父辈式的感觉？不知"父辈"这个词是否完全恰当？

博尔赫斯　不，不是父辈式的……

巴恩斯通　人人平等吗？

博尔赫斯　我的感觉是兄弟式的、互助互爱的，而不是父辈式的。当然，作为一个老人，别人可能以为我会如此，但我确实不是这样。瞧，马塞多尼奥·费尔南德斯[1]认为，父辈式的感觉是错误的。他对我说："我和我儿子有什么共同之处？我们分别属于不同的两代人。我喜欢他，那是我的错；他喜欢我，那是他的错。我们用不着非得相互关照。"于是我对他说：是的，这并不是强制性的。尽管你们之间有争吵，你还是会爱护他。而恐怕你们之所以争吵，是因为你觉得他让你太操心了，或者是你觉得他待你不公平。父不能爱其子，子不能爱其父，这类废话很多。

巴恩斯通　说下去。

博尔赫斯　当然，他抛弃了他的家庭。人们最通常的解释是，他离开家庭去过他自己的生活。

巴恩斯通　让我们放下父辈的话题来谈谈梦想。你

---

[1]　马塞多尼奥·费尔南德斯（Macedonio Fernández，1874—1952），阿根廷诗人、哲人，阿根廷先锋派诗歌的开创者之一，博尔赫斯父亲的朋友，后来也成了博尔赫斯的朋友。

说的梦是什么意思？一个梦与醒着的其他状态有什么不同？

博尔赫斯 因为梦是一种创造。当然醒着也可以是一种创造，是我们唯我论等等的一部分。不过你不会这么想这个问题。说到梦，你知道梦中的一切都来自你自己，而说到醒时的经验，则许多与你有关的东西并非由你而产生，除非你相信唯我论。如果你相信的话，那么无论你是醒着还是睡着，你便始终是个做梦的人。我不相信唯我论，我想没有什么人是真正的唯我论者。醒时的经验与睡时或梦中的经验有本质的不同，其不同之处一定在于，梦中所经验到的东西由你产生，由你创造，由你推演而来。

巴恩斯通 但不一定非得在睡觉的时候。

博尔赫斯 是的，是的，不一定非得在睡觉的时候，在你构思出一首诗时，睡与醒没有多大的区别，不对吗？因此它们的意思是一样的。如果你在思考，如果你在创造，或者如果你在做梦，那么梦大概就与幻想或睡眠相一致了。没什么不同。

巴恩斯通　像我们大家一样，你也是个我字当头的人。你大谈你自己，探索并发掘你自己的头脑，还把你的观察意见传播给大家。

博尔赫斯　是啊，我还能干什么？我不应当受到责怪，我不应当为此而受到责怪。

巴恩斯通　由于你把自己的观察意见传播给大家，所以你肯定不是无我的。不过你写东西给大家看，你还同大家进行苏格拉底式的对话，这是一种道德的慷慨之举，这样做的人可不多。

博尔赫斯　我想我需要这样做，因为我也从中获得乐趣。

巴恩斯通　不过我恐怕这种道德的慷慨正在消亡，而像你这样的为失明所保护、倾心于往昔作家的人，恐怕再也不会出现了。那么是不是我的担心过了头，反倒乐观起来，心想这种道德的人和艺术家将来还会再产生。

博尔赫斯 这样的他或她将永远消失！

巴恩斯通 你是一个讲道德的人吗？

博尔赫斯 是的，我本质上是一个讲求道德的人。我始终以是非曲直来评判事物。比方说，我觉得在我的国家里，很多人对道德不屑一顾。而依我看，美国人民比我国人民要更讲些道德。比方说，这里的人们一般来讲在越南战争等问题上是明辨是非的。但是在我国，人们衡量一件事的尺度是看它是否有利可图。也许这就是不同之处。在这里，清教主义、新教主义等所有这一切，使得人们习惯于道德思考，而天主教[1]却只会使人养成讲排场的恶习，这即是说，使人变成本质上的无神论者。

---

1 阿根廷绝大多数人口信奉天主教。

巴恩斯通　你是个很有趣的人，博尔赫斯。你很孩子气，你会寻开心，你非常幽默。

博尔赫斯　哦，不管怎么说，我应该如此。我不知道我到底长大了没有。我觉得大家都是孩子。

巴恩斯通　不，我们都不是孩子了。过去，每当我心情沉重，在爱情，在一些诸如此类的蠢事上……

博尔赫斯　不，不是蠢事。这类事情是人人经验的一部分。我是说爱别人却不为别人所爱，是每一部传记都要写到的，不对吗？如果你来对我说你爱上了某某，而她却拒绝了你，我就会告诉你：每个人都会这么说的。每个人都曾被拒绝过，也曾拒绝过别人。这两者支撑着人的一生。某人回绝了某人或者被回绝，这种事情始终都在发生。当然事情若发生在我们身上，正如海涅所说，我们的心情就会非常沉重。

巴恩斯通　有时当我沮丧的时候我便会想到死，但我知道这正表明我想活。

博尔赫斯 我多次想到过自杀，但是每一次我都把它推迟了，我告诉自己，有什么好忧虑的呢，既然我有自杀这件强大的武器，而同时我又从未使用过它，至少我觉得我从未使用过它。

巴恩斯通 嗯，你差不多已经回答了我的问题。我要说的是，想到自杀只是希望活下去的标志，甚至我经常想到的错误的自杀，正是一种对于更充实、更美好的生活的极度渴求。

博尔赫斯 在人们考虑自杀时，他们想到的只是，人们一旦知道了会对他们怎么看，所以从某种意义上讲他们还活着。一般说来，他们是为图报复而自杀。很多人自杀是由于他们怒火中烧。这是发泄他们的愤怒，实行报复的办法。好让别人觉得自己有罪，要对你的死负责。这显然是错误的。

巴恩斯通 自杀在很大程度上是青年人的罗曼史，是青年人不时踏入的一扇错误的门。但与此相反的情感又当如何看待呢？为什么会有生之热情？为什么这

当我醒来

热情会驱使年轻人去死，会驱使作家去写作？为什么会有吞噬一切的生之热情？

博尔赫斯 如果我能够回答，我就能够解开宇宙之谜了，我想我做不到，不是吗？没有人做到过。我知道许多宗自杀。我的许多朋友都自杀了。实际上，在我国文学界自杀是颇为寻常的，或许比在这个国家更寻常。但是我想多数人自杀是企图诅咒某人，是想让某人为他们的死而感到罪孽深重。这是多数自杀者的动机。具体到莱奥波尔多·卢贡内斯的自杀，我看他是想指控另外一个人为杀人犯。

巴恩斯通 有时当人们病魔缠身，困顿不堪时，也渴望获得解脱。

博尔赫斯 当然有另外一种自杀。我有一位朋友，当他得知自己患了癌症便自杀了。这种自杀合情合理。我不会反对任何人这样做。我想这种自杀是正确的。

巴恩斯通 我没什么别的问题了，除非你有什么问题要问我。

博尔赫斯　没有了。我要感谢你的好意和这次非常愉快的谈话，因为事先我把这次谈话当作一场磨难，但这并没有成为磨难。相反，这是一次相当愉快的经历：你很慷慨地告诉我你自己的思想，丰富我的思路，好像我确曾思考过那些问题似的。你做了一切，一直熟门熟路地引导着我，我很感激你。谢谢你，巴恩斯通。

巴恩斯通　谢谢你，博尔赫斯。

当我醒来

3

它像夏日的黄昏
徐徐降临

迪克·卡维特节目，
纽约，1980 年 5 月

因为我发现我是在逐渐失明，所以我并没有什么特别沮丧的时刻。它像夏日的黄昏徐徐降临。那时我是国家图书馆馆长，我开始发现我被包围在没有文字的书籍之中。然后我朋友们的面孔消失了。然后我发现镜子里已空无一人。

迪克·卡维特（以下简称卡维特） 我很高兴我们节目请来的客人不仅仅是一位如此杰出的诗人和作家，而且还是一位家禽检查员。你能否解释一下——这听起来就像西·约·佩雷尔曼[1]的滑稽故事——你怎么会当上家禽检查员的？

博尔赫斯 我原本在布宜诺斯艾利斯的一家图书馆里有一份小差事。但我接到了一个命令，让我去市场上检查家禽和蛋类的出售情况。我跑到市政府，问一位朋友："这到底是为什么？"他说："唉，可你是联盟派[2]呀。"我当然是联盟派。然后他说："那你还有什么指望？就这么回事。"于是我说："嗯，我当然无法反驳他们。"这就是原因。

---

1 西·约·佩雷尔曼（S. J. Perelman，1904—1979），美国幽默作家，以多年来为《纽约客》杂志撰写的幽默故事最为知名。
2 反对庇隆政权的政治派别。

卡维特　当时是庇隆[1]政权的时代。

博尔赫斯　是的。政府站在希特勒和墨索里尼一边。我热爱意大利，热爱德国，而正因为如此，我厌恶墨索里尼和希特勒。

卡维特　你和庇隆政权结怨到底有多深？让你去当家禽检查员，这看起来像是一种对你的侮辱，而不是什么极端的处置。不过你母亲有一天夜里曾接到过一个匿名电话，你能说说这件事吗？

博尔赫斯　可以。她在凌晨接到一个电话。我听到了那个电话。于是那天早晨我问她："我是不是梦见有个电话打来？"她说："不，不是梦见。有个蠢家伙给我打电话说：'我要把你和你的儿子都干掉。'"而我

1　胡安·庇隆（Juan Perón，1895—1974），两次出任阿根廷总统（1946—1955，1973—1974）。

母亲回答道："干掉我儿子并不难，你随便哪天都能找到他。至于杀我，你可得快点儿，我已经九十多岁了。如果你不快点儿，我倒要把我的死因推到你身上。"说完她就去睡觉了。

卡维特　我倒想见一见她老人家。你母亲是不是那以后就去世了？

博尔赫斯　是的，我母亲是在五年前去世的。她活到九十九岁。死的时候她感到难受。她说："哦，真是活够了。"我的意思是，活到九十九岁实在让人厌烦。

卡维特　让人厌烦。

博尔赫斯　是的，嗯，活到八十岁就够烦人的了。活着使人厌烦，我们姑且这么说。但是你无法回避它。它可以很美好，比如现在就美好得很。

卡维特　现在还行吗？

博尔赫斯　是的，当然。我这是在纽约，我正在和你谈话。

卡维特　你喜欢纽约吗？

博尔赫斯　是的。我以沃尔特·惠特曼，以欧·亨利的眼光来看待纽约，我也从纯美的角度来看它。整个城市——高耸的摩天大楼就像喷泉的水柱。这是一座相当抒情的城市。

卡维特　博尔赫斯先生，你的失明是祖传的吗？

博尔赫斯　是的。我亲眼看着我双目失明的父亲微笑着死去。我的祖母是英国北方人，她来自诺森伯兰。我亲眼看着双目失明的她微笑着死去。我的曾祖父死的时候也是双目失明，但我不知道他当时是否也曾微笑过。我只能讲到这辈人。我是第四代。

卡维特　失明给你带来了什么变化吗？

它像夏日的黄昏徐徐降临

博尔赫斯　因为我发现我是在逐渐失明，所以我并没有什么特别沮丧的时刻。它像夏日的黄昏徐徐降临。那时我是国家图书馆馆长，我开始发现我被包围在没有文字的书籍之中。然后我朋友们的面孔消失了。然后我发现镜子里已空无一人。再以后东西开始模糊不清了。如今我还能分辨白色和灰色，但是对两种颜色我无能为力：黑色和红色。黑色和红色在我看来都是棕色。当莎士比亚说"Looking on darkness which the blind do see"（看那盲者所见到的黑暗）时，他是搞错了。盲人与黑暗无缘。我的四周是发着光的朦胧一片。

卡维特　发着光的朦胧一片。

博尔赫斯　浅灰，或浅蓝色，我说不准。太模糊了。我要说现在包围着我的世界是浅蓝色的。

卡维特　浅蓝色。

博尔赫斯　但是就我所知这也许是灰色。

卡维特　在你知道了你正在失明时，你是否曾尽量以你最快的速度阅读一切？

博尔赫斯　没有。当然我本应该那样做。从那时，从革命的 1955 年起，我便更多地重读旧书而不大读新东西了。

卡维特　是不是读盲文，并且有人把书读给你听？

博尔赫斯　不，我从未试过盲文，不过我坚持着读我小时候读过的书。

卡维特　据我所记，你喜欢《哈克·芬》而不喜欢《汤姆·索亚》。[1]

博尔赫斯　我觉得汤姆·索亚毁了全书。为什么书中要出现他？《哈克·芬》是一部伟大的书。

1　《哈克·芬》全称《哈克贝利·芬历险记》，《汤姆·索亚》全称《汤姆·索亚历险记》，均为美国小说家马克·吐温（1835—1910）所著。

卡维特　你是指他在《哈克·芬》结尾处的出场？

博尔赫斯　是的，我觉得这样书最后就四分五裂了。这是本令人拍案的书，它不该落个四分五裂的结尾。我个人以为另一本伟大的书是从《哈克·芬》脱胎出来的。我指的当然是吉卜林的《基姆》。尽管两本书截然不同——一本讲的是美国，而另一本讲的是印度——但是它们有着相同的脉络、相同的框架：一个老人和一个孩子发现了他们的国家。两国和两国风情颇不一样。吉卜林实际上见过马克·吐温，我在吉卜林的一本书中读到过这件事。

卡维特　而你本人乐于见见他们两个人。

博尔赫斯　当然。吉卜林的那本书名叫《从大海到大海》，不过我记不准了。他见过马克·吐温，但是他从未见过罗伯特·路易斯·斯蒂文森。

卡维特　他想见。

博尔赫斯 是的，他想见，但他却从未见过。

卡维特 有时我想倘若你生得稍早一些你会更高兴，因为你极其喜爱那个时期。

博尔赫斯 我认为我自己不是一个现代作家。我是个十九世纪的作家。我那些小玩意儿属于十九世纪。我并不觉得自己与超现实主义，或达达主义，或意象派，或文学上什么别的受人尊敬的蠢论浅说处于同一个时代，不是吗？我按照十九世纪和二十世纪初的原则来看待文学。我热爱萧伯纳、亨利·詹姆斯。

卡维特 你的崇拜者们完全沉浸在你的作品中，这好极了。很抱歉我只是最近才发现这一点。一个人在你的作品中能够马上发现的特点之一，就是你的作品里到处是迷宫、难题，甚至圈套。

博尔赫斯 哦，圈套。但是迷宫可以用一个事实来解释，即我生活在一个奇妙的世界上。我的意思是说，我始终被各种事物所困惑，各种事物都使我惊讶。

它像夏日的黄昏徐徐降临

卡维特　我知道你说过使用西班牙语是你的厄运，这种语言限定了你的写作。你能举例说明一下什么东西是你可以用英语说而不能用西班牙语说的吗？

博尔赫斯　嗯，我想我可以引用吉卜林的《东西方歌谣》（"The Ballad of East and West"）中的诗句来说明。他写到了一个英国军官追赶一个阿富汗盗马贼。他们都骑着马，而吉卜林说："They have ridden the low moon out of the sky. Their hooves drum up the dawn."（他们已经催策着低低的月亮隐没于天际。他们的马蹄敲起了黎明。）你看，在西班牙语里，你不能"催策着低低的月亮隐没于天际"，你也不能"马蹄敲起黎明"。这些东西用西班牙语是无法表达的。但是当然，西班牙语也有其长处，例如开元音。古英语里有开元音。我想莎士比亚也使用开元音。我在苏格兰时有人曾告诉我，莎士比亚实际上说的是："Tow be or not tow be, that is the question. Whether 'tis nobler in the maend to suffer the slings and arrows of outrageoue fortune…" [1]

卡维特 你对语言听多识广。"微暗"（dim）是一个美丽的词。

博尔赫斯 它与德语中的 Dämmerung（夕光）相近似。"夕光"与"微暗"，它们是相通的。

卡维特 在莎士比亚的戏剧中是否有一句关于 "death's dim vagueless night"（死亡的微暗又明晰的夜晚）？

博尔赫斯 当然有。这里你就碰到了撒克逊人 [2] 的头韵 [3]，而在西班牙语的实际应用中是见不到头韵

---

1 本段文字来自《哈姆雷特》第三幕第一场哈雷姆特一段著名独白，原为：To be, or not to be, that is the question: Whether 'tis nobler in the mind to suffer the slings and arrows of outrageous fortune … （生存还是毁灭，这是一个问题：是默然忍受暴虐命运的弓与箭……）博尔赫斯用开元音，将 to 念作 tow，mind 念作 maend。音韵学一般认为开元音发声更为饱满清晰。

2 公元五六世纪入侵并定居于英国的日耳曼民族。

3 指两个或两个以上的单词，词首的元音或辅音相同。

的。莱奥波尔多·卢贡内斯写过一行好诗，其中你两次听到 *n* 的声音："Iba el silencio andando como un largo lebrel."（寂静移动有如细长的灵缇。）这里你听到了头韵。但是在西班牙语中这种尝试极少，我们更注重押尾韵和半谐音 [1]。

卡维特　你曾试图用英语写作吗？

博尔赫斯　试过，但是我太尊重英语了。我曾用英语为朋友们写过两三首诗，后来他们把这几首诗发表了出来。但是现在我不想这么做了。我能用西班牙语写什么就写什么。西班牙语毕竟是我的命运，也是我的工具。它是我的母语。

卡维特　你如何解释阿根廷同情纳粹和希特勒这样一个令我大惑不解的问题？

博尔赫斯　听着，我想阿根廷共和国是不可解释

1　指一句话中同一元音重复出现，具有音乐的节奏感。

的。它就像宇宙一样神秘。我不理解它。我不善于理解我的国家。我也不具备政治头脑。我尽量避开政治。我不属于任何政党。我是一个个人主义者。我父亲是赫伯特·斯宾塞[1]的门徒。他是在"个人与国家相对立"这样的信条熏陶下长大的。我无法解释这类事情。我自己也不明白这到底是怎么回事。

卡维特　你在某处写到过希特勒，你认为他希望以某种方式失败。

博尔赫斯　我写过，但也许那整个东西就是我的一个文学游戏。而既然人们钦佩拿破仑，他们为什么不能钦佩希特勒？我想他们二人并无二致。如果你钦佩征服者，你自己便认可了征服者。但是我当然恨他，厌恶他，他的反犹行径相当愚蠢。

卡维特　你书中的迷宫曲径和你所运用的奇特形

1　赫伯特·斯宾塞（Herbert Spencer，1820—1903），英国哲学家、人类学家、社会学家，进化论的先驱。

式，这些东西的存在是出于艺术夸饰的需要呢，还是因为它们本身就具有生命？

博尔赫斯 都不对。我把它们看作一些基本的符号、基本的象征。并不是我选择了它们，我只是接受了它们。我惯于使用它们是因为我发现它们是我思想状态的正确象征。我总是感到迷惑，感到茫然，所以迷宫是正确的象征。至少对我来讲，它们不是文学手法或圈套。我并不是把它们看作圈套。它们是我命运的一部分，是我感受和生活的方式。并不是我选择了它们。

卡维特 你还去看电影吗？

博尔赫斯 去，不过我只能听电影。

卡维特 听说你对电影兴趣浓厚，这使我感到惊讶，而事实上你好像还写过一个电影剧本。

博尔赫斯 我记得一些如今大概已经被忘记了的

很不错的电影，像约瑟夫·冯·斯特恩伯格导演的歹徒片。我还记得的影片有《一决雌雄》和《天罗地网》。演员是乔治·班克洛夫特、威廉·鲍威尔、弗莱德·科勒。那些是默片时代的尾声作品。自那以后电影里的人开始说话，于是整个东西就都变了。《公民凯恩》我看过好多遍，那是一部相当出色的影片。

卡维特 这部片子人们百看不厌。

博尔赫斯 我被《惊魂记》吓坏了。这部影片我看过三四遍，我知道到哪儿我该闭上眼睛好不看那个母亲。

卡维特 你在某处说过不幸正是作家的幸事。

博尔赫斯 我要说不幸是一个作家的多种工具之一，或者用另外一个比喻来说，是多种原材料之一。不幸、孤独，这一切都应为作家所用。甚至噩梦也是一种工具。我有好多小说的灵感都得自噩梦……

它像夏日的黄昏徐徐降临

卡维特　你是不是有这样一篇小说，写到无人衰老？在某个时刻之后，无人再死亡，所以年龄不同的人，他们都进入了永恒。其中有一个人物，看得出来是荷马。

博尔赫斯　啊，是的。在那篇小说里有一个人活得实在太久了，他忘了他是荷马，忘了他的希腊语。我记得那篇小说的题目叫《凡人》。但那是用巴洛克风格写成的。我现在已不那样写作了。我努力写得像吉卜林的《来自山地的平凡故事》那样简洁。他晚期复杂的小说不如他早期的小说，那些作品直截了当，堪称杰作。

卡维特　我在什么地方读到，你对卡尔·桑德堡颇有微词。你觉得他不如……

博尔赫斯　不，我只是说他的名望不如弗罗斯特。我觉得卡尔·桑德堡是沃尔特·惠特曼的最出色的门徒。与埃德加·李·马斯特斯[1]相比，我更偏爱桑德堡。

1　埃德加·李·马斯特斯 (Edgar Lee Masters, 1868—1950)，美国诗人、作家。

也许我这是异端邪说。

卡维特　你看什么人被忽视了？

博尔赫斯　我认为爱默生作为一位诗人被忽视了。我认为爱默生是一位伟大的诗人。他的伟大在于他是一位沉着的、智力出众的诗人。人们似乎不再记得他还是位诗人。切斯特顿也是一位伟大的诗人，但是好像他也被遗忘了。吉卜林的境地也是如此。当人们想到切斯特顿，人们就说，咳，他是个天主教徒。[1]人们给吉卜林贴的标签是"帝国主义者"。但是他们都不止于此，他们都是天才。

卡维特　你从未发现自己为巨大的声名所累吗？

博尔赫斯　我心怀感激之情，与此同时我感到这完全是一个巨大的错误。说不准将来什么时候我也许会被拉出来接受检验。

1　英国人多信奉新教。

卡维特　你是说被发现。

博尔赫斯　我真的不知道自己为什么会出名。且不提我所写的那些书，姑且说，我是出了名。

卡维特　你很谦虚，而且，还自我抹杀。

博尔赫斯　我谦虚，我的确谦虚。是的，先生。

卡维特　你的译者在翻译你的一篇小说时，费了九牛二虎之力也不知道该如何译好"一致的黑夜"（unanimous night）这个短语。

博尔赫斯　是的，或许这种说法过于自以为是了。

卡维特　他说"一致的黑夜"，这到底是什么意思？

博尔赫斯　我也不知道，真的。

卡维特 你看重不朽吗?

博尔赫斯 我希望自己彻底死掉,包括肉体和灵魂,统统被人遗忘。

卡维特 这是你最大的愿望。

博尔赫斯 我何必要在我自己的名字上费心呢?它实在拗口:豪尔赫·路易斯·博尔赫斯,很像豪尔赫·路易斯·豪尔赫斯,或者博尔赫·路易斯·博尔赫斯,一个绕口令,连我自己都说不利落。

卡维特 嗯,你说得很不错,想想你已经练习了这么多年了。

博尔赫斯 是呵,八十年了。我已经八十多岁了。

卡维特 能见到你,并且能请你到这里来,实在太好了。

它像夏日的黄昏徐徐降临

博尔赫斯　非常好，能与你，与纽约，与美国相会。

卡维特　是的，摩天大楼和一切。谢谢你，博尔赫斯先生。

博尔赫斯　不，应该谢谢你，先生。

4

我只代表我自己

印第安纳大学，
1980 年 3 月

博尔赫斯代表着我所嫌恶的一
切……

我只代表我自己……

在这次诗歌朗诵会上，博尔赫斯的诗与散文作品的英译由斯科特·桑德斯和威利斯·巴恩斯通朗诵，西班牙原文由路易斯·贝尔特兰、米格尔·恩吉达诺斯和豪尔赫·奥克朗代尔朗诵。每朗诵完一篇（英语与西班牙语），就由博尔赫斯自己来谈自己的作品。

我的一生

这里，又一次，记忆压着我的嘴唇，

我无与伦比，却又与你相似。

我就是那紧张的敏感：一个灵魂。

我固执地接近欢乐，

也固执地偏爱痛苦。

我已渡过重洋。

我踏上过许多块土地，见过一个女人

和两三个男人。

我爱过一位高傲的白人姑娘，

她有着西班牙的宁静。

我看到过一望无际的郊野，那里

落日未完成的永恒已经完成。

我看到过一些田野，那里，吉他

粗糙的肉体充满苦痛。

我调用过数不清的词汇。

我深信那就是一切，而我也将

再看不到再做不出任何新鲜的事情。

我相信我贫困和富足中的日夜

与上帝和所有人的日夜相等。

　　我是以一种沮丧的心情来写这首诗的。我不知道未来会留给我什么。我觉得我每一天的生活不过是重复和镜现而已。但是我不知道有什么样的礼物在等待着我，比如在英格兰、苏格兰、冰岛、瑞典，在1961年我通过得克萨斯州发现的美利坚。在得克萨斯我遇到了我的朋友恩吉达诺斯，并在那里教授英国文学。当然英国文学是广阔无限的，没法教，但至少我教会了我的学生们去喜爱它，或者姑且说，去喜爱撒克逊人，喜爱德·昆西、弥尔顿，等等。

那时还有很多事情在等待着我——友谊、爱情、我们对于独裁专制的忍耐、我母亲的入狱、我妹妹的入狱，以及其他当时尚未发生的事——那一切都指向一件我从来不曾期望过的事：它们都指向这个我们相聚在一起的夜晚。它们都指向这印第安纳州的布卢明顿，指向今晚我们个人之间的神秘的交流。

懊 悔

我已具备人所能够具备的
最深的罪孽。我一直没有欢乐。
让忘却的冰河把我带走，
不必怜悯，让我投身其中。
我的双亲生我养我，是为了一个
高于人类日夜嬉逐的信念，
为大地，为空气，为水，为火。
我伤了他们的心，我没有欢乐。
我的生活辜负了他们青春的期望。
我把心用在了艺术对称的执拗
以及它所有织就的琐事上。
我的双亲给我勇气，但我怯懦。

这勇气陪伴着我，自从我开始生活：

一个沉思者无法将这阴影摆脱。

此刻我想起华兹华斯说过的话：诗歌来自诗人心情平静时对于往昔情感的追思。[1]这就是说，在我们品尝喜悦、忍受痛苦时，我们仅仅是忍耐。不过在我们后来回忆这一切时，我们就不再是当事人，而是观察者、旁观者了。按照华兹华斯的观点，这是引发诗歌的最佳心理状态。那么，既然这首十四行诗是我在母亲去世四五天之后，我的心情依然为悲伤所笼罩之时写成的，所以不会太好。但是另一方面，许多人记得它，许多布宜诺斯艾利斯人将它铭记在心讨论这首诗，反复诵读这首诗。我个人认为这首诗在技巧方面不值一提。但是也许它具有某些神秘的动人之处。现在我听到了这首诗，我喜欢它，这或许是因为恩吉达诺斯的出色朗诵，或许是因为威利斯·巴恩斯通的英译质量大大超过了原诗。

---

1 博尔赫斯这里所引用的观点，见于华兹华斯为他与柯勒律治合作出版的《抒情歌谣集》第二版所写的序言。

海 洋

在我们人类的梦想（或恐怖）开始

编织神话、起源传说和爱情之前，

在时间铸造出坚实的岁月之前，

海洋，那永在的海洋，一向存在。

海洋是谁？谁是那狂放的生命，

狂放而古老，啃啮着地球的

基础？它既是唯一的又是重重大海；

是闪光的深渊，是偶然，是风。

那眺望大海的人惊叹于心，

第一次眺望如此，每一次眺望如此，

像他惊叹一切自然之物，惊叹

美丽的夜晚、月亮和营火的跳荡。

海洋是谁？我又是谁？那追随

我最后一次挣扎的日子会做出答复。

我觉得这应当是一首好诗，既然它的主题是大海。从荷马开始大海就与诗歌结缘了，而在英国诗歌中，从很早的时候起就已经有了大海的存在。当我们听到有关赛尔德[1]海船和丹麦王的故事时，我们就可以在《贝奥武夫》[2]那最初的诗行中发现这一点。人们把国王送下海船，作者说，人们送他去远航于大海的惊涛骇浪。大海始终喧响在我们身旁，大海要比陆地神秘得多。我想当你谈论大海时你不会不想到《白鲸》的第一章。在那一章里以实玛利[3]感受到了大海的神秘。我做了些什么呢？我一直仅仅是在重写古代那些有关大海的诗篇。我当然要想到卡蒙斯[4]——Por mares nunca de antes navegades（啊，过去从未有人航行过的大海）——想到《奥德赛》，想到千重大海。大海始终喧响在我们的脑海里。它对我们来说依然神秘莫测。我们不知道它是什么，或如我诗中所说，"他"是谁，因为我们连自己是谁都不知道。这是另一个不解之谜。我写过许多关于海洋的诗。这首诗或许值得你们去注意。我想我没

1　赛尔德（Scyld），《贝奥武夫》中一位年老的国王，以其勇武和无所畏惧的领导著称。

2　盎格鲁 - 撒克逊民族史诗，七八世纪之交开始在民间流传，十世纪时出现手抄本。

3　《白鲸》故事中的叙述者。

4　路易斯·瓦斯·德·卡蒙斯（Luís Vaz de Camões，约 1524—1580），葡萄牙文学巨匠，其史诗《卢济塔尼亚人之歌》描述了达·伽马远航印度的事迹。

有更多的东西好说，因为它并不是理智的产物。这非常好。这首诗发自情感，所以它不会坏到哪儿去。

G. L. 毕尔格 [1]

我永远不能完全明白

为什么发生在毕尔格身上的事情

总是把我搅扰

（百科全书中写着他的生卒年月），

在那里，在平原上的众多城市之一，

在河流的唯一的岸上，

没有松树，却生长着棕榈。

如同所有其他人一样，

他说谎也听别人说谎，

他背叛别人也被别人所背叛，

常常为爱情而痛苦，

当他送走了不眠之夜，

---

1 本诗借用了毕尔格的某些背景素材。毕尔格（Gottfried August Bürger, 1747—1794）为德国诗人，复兴了德语的十四行诗，歌谣集《莱诺勒》在英法等国亦流传甚广，对欧洲早期浪漫主义作家都有影响。

他看到冬日黎明灰色的窗棂；

但他配得上莎士比亚的伟大的嗓音

（其中也夹杂着别人的声音），

也算得上安杰勒斯的回声。

他假装漫不经心地润饰诗行，

就像他同时代的人们一样。

他知道现在没什么特别，

只是从前飞逝的一个粒子。

而组成我们的是忘却是无用的智慧，

如同斯宾诺莎的种种推论，

或恐怖生成的种种惊异。

在那平静的河畔，在城市里，

在一位神祇死后大约两千年

（我提到的故事很古老），

毕尔格孤独一人，现在，

就是现在，他修改着几行诗。

　　有一天下午，在布宜诺斯艾利斯的寓所中我获得
了写这首诗的灵感。当时我感到很悲伤，很郁闷，一
副愁眉苦脸的样子。于是我言自语道：我到底为什么

非得为博尔赫斯操心呢？博尔赫斯毕竟只是一个虚构的人物，他什么也不是。于是我想到应该把这个想法写下来。我用词源学的方法来思考自己——我时常琢磨词源学——我想：我的姓，一个普普通通的葡萄牙语姓氏，在葡语中，博尔赫斯（Borges）就是"有声音"（burger）的意思。这样我就想到一位德国诗人，一位大名鼎鼎的德国诗人，我大概读过他的作品。他与我同姓，姓毕尔格（Bürger）。然后我构想出一个文学圈套。我要写一首关于毕尔格的诗。读者读下去就会发现，毕尔格并非毕尔格而是博尔赫斯。我们毕竟姓氏相同。于是我下笔写起来。我写的是一座平原上的城市。那平原与其说是德国，还不如说是苏格兰低地，更不如说是布宜诺斯艾利斯省。于是我埋下一个暗示。我想到一棵棕榈树，而不是松树，我提到一条河，可它只有一道岸。这时我想起马列亚[1]写的一本书，书名很美丽，名叫《河上城》（*La ciudad junto al río*），我把它化入了我的诗行。读者最后会发现这首诗写的

---

1 爱德华多·马列亚（Eduardo Mallea，1903—1982），阿根廷散文作家、文化批评家。

并不是毕尔格，而是我自己。我就这样合情合理地用他做下圈套。但愿我没有徒劳。

博尔赫斯与我

事情都发生在那另一个叫作博尔赫斯的人身上。我漫步在布宜诺斯艾利斯街头，不时停步观望，或许现在正机械地打量着门道的拱门和大门上的铁花格。我通过邮件获知博尔赫斯的消息，我在教授的名单上或在一本人名词典中见过他的名字。我喜爱沙漏、地图、十八世纪的印刷格式、咖啡的味道和斯蒂文森的散文。他与我爱好相同，但是他虚荣地把这些爱好变成了一个演员的特征。要说我们俩是一对冤家，那未免有些夸张，我活着，让我自己活下去，这样博尔赫斯就能够搞他的文学。而他的文学则证实了我的存在。他写着几页好文章，救不了我，也许是因为那些好东西并不属于任何人，甚至也不属于他，而是属于西班牙语和传统。此外，我命中注定要死去，必死无疑，只有我生命的少数瞬间能够在他身上免于消亡。我一点一点地把自己的一切都交给了他，尽管我清楚地知道他有弄虚作假和言过其实的恶习。斯宾诺莎知道，万物均渴望保持其自身的性质；石头永远希望是石头，老虎永远希望是老虎。我将在博尔赫斯而不是我自己身上活下去（如果我真是一个人的话），不过我很少在他的书里认出我自己，反倒是在许多其他人的书里，或在一把吉他吃力的弹奏中能够对自己有更多的发现。几年前，我曾想将他摆脱，于是我放弃了城外的神话，而转向时间和永恒的游戏，但是那些游戏如今也归了博尔赫斯，我只好再去构思些别的东西。就这样，我的生命在流逝，我失去了一切，而一切都属于忘却，或者属于那另一个博尔赫斯。

我不知道我们两人之间是谁写下了这段文字。

方才我们听到了那伟大的名字，或许是已然被遗忘了的名字：罗伯特·路易斯·斯蒂文森。你们当然都还记得他所写的《化身博士》，这篇文字便是由《化身博士》而来。不过在斯蒂文森的寓言里，杰基尔与海德的不同之处在于：杰基尔像我们大家一样，融善恶于一体，而海德则纯粹是恶的化身，至于恶，斯蒂文森指的并不是欲望，因为他觉得欲望并不邪恶。他所指的是残酷无情。他认为残酷无情是一种犯禁的罪孽，这罪孽连圣灵也不会饶恕。当然奥斯卡·王尔德在其《道连·格雷的画像》中也采用过同样的主题，只是写得不如斯蒂文森深刻有力。但是在我这里，博尔赫斯与我的区别却是另一回事。博尔赫斯代表着我所嫌恶的一切。他意味着声誉，意味着被拍照，被采访，意味着政治、观点——我要说，所有的观点都是卑鄙的。他还意味着失败与成功这两个无足轻重的东西，这两个骗人的东西，或如他对它们的看法：失败又蕴含着胜利，成功又蕴含着灾难，而这胜利与灾难同样也是骗人的。博尔赫斯苦心经营的就是这些东西。而"我"，姑且这么说，既然本文的题目是《博尔赫斯与我》，"我"意味着非公开的个人，意味着真实，因为我们前面提到的那些东西对我来说都是虚假的。真实的东西是感受、梦、写作——至于出版，我想那是博尔赫斯的事，而不是"我"的事，那类事情应当避开。我当然知道很多哲学家对自我（ego）都持否定态度，比如大卫·休谟、叔本华、摩尔[1]、马塞多尼奥·费尔南德斯、

1　乔治·爱德华·摩尔（G. E. Moore，1873—1958），英国哲学家，分析哲学学派创始人之一。

弗朗西斯·赫伯特·布拉德雷。不过我还是以为我们不应当为此轻视自我。现在我忽然想到有一个人帮了我的忙，他与威廉·莎士比亚不相上下。[1] 记住军士佩洛列斯这个人。军士佩洛列斯是一个 miles gloriosus，一个胆小鬼。他被降了级。人们发现他不是一个真的勇士。于是莎士比亚成了他的同谋，军士佩洛列斯说道："我再也不是队长，我就是我自己，我因此而存活。"[2] 这句话当然令我们想起上帝伟大的声音："Ego sum qui sum。"（我即是我。）嗯，你们就当我只代表我自己，这个可亲的、神秘的家伙。也许有一天我会知道他[3]是"谁"，而不是他是"什么"。

1　指古罗马喜剧大师普劳图斯（Titus Maccius Plautus，前254—前184）。下面说到的 miles gloriosus，拉丁文直译为"虚荣的士兵"，借用了普劳图斯的喜剧《吹牛军人》的题目。《吹牛军人》的主人公为自我陶醉的典型，深深影响了后世作家。

2　军士佩洛列斯是莎士比亚喜剧《皆大欢喜》中的角色，这里引用的台词来自剧末，但与原文有出入。原文为："Captain I'll be no more; /But I will eat and drink, and sleep as soft /As captain shall: simply the thing I am /Shall make me live."

3　指博尔赫斯自己。

恩底弥翁[1]在拉特莫斯山上

那时我沉睡在峰顶，我俊美的

身躯如今已被时光所消损。

在那古希腊的深深夜空，人马星座

放慢了它风驰电掣的飞奔，

探入我的梦境。我喜爱睡眠，

为了做梦；有一个璀璨的梦

避开记忆，使我们这些世上的人

摆脱与生俱来的重负。

狄安娜，狩猎女神又是皎皎明月，

看到我沉睡在山顶，

便缓缓飘入我的怀中，

那燃烧的夜晚啊，有黄金和爱情。

我手抚她暖玉般的眼帘，

我欲看清她可爱的面孔，

那面孔被我用尘土的嘴唇所烙印。

我品味了月亮的芳馨。

1　恩底弥翁（Endymion），希腊神话中为月神所钟爱的青年牧人。

而她用不朽的声音唤着我的名字。

啊，纯洁的面孔相互凝视，

啊，爱情的河流，黑夜的河流，

啊，人间的亲吻，绷紧的长弓。

我彷徨了多少年、多少月？

有一些事情长存天地，不像葡萄，

不像鲜花，不像微薄的雪。

人们从我身边跑开，害怕

我这为月亮所钟爱的人。

很多年过去了。有一种忧惧

在我守夜时袭来。我怀疑

那山中黄金的震吼是否真实

或仅仅是在我的梦中如此。

我何必要愚弄我自己，认为

昨天的记忆相同于一个梦？

我的孤独沿着平凡的道路

在大地上蔓延，但是在努门[1]的

---

1 努门（Numen），古罗马神话中的神圣精灵，不同于拥有姓名与
性格的神。在古罗马的君主崇拜中，也用来指皇帝的神能。

古代夜晚，我始终在追寻

那冷漠的月亮，宙斯的女儿。

　　《恩底弥翁在拉特莫斯山上》是一首神话诗，它或许是我所写过的唯一一首个人的诗，因为恩底弥翁像所有神话人物一样，并非完全虚构的或者纯粹出自理智。恩底弥翁代表了所有的人。因此，当你说到一个人为人所爱时，他即是为神性所爱，他即是为一位女神所爱，即是为月亮所爱。所以我觉得我有权利创作这首诗，因为我也像所有的人一样，一生中至少有一次，或两次，或三次，成为恩底弥翁。我被一位女神爱上了，后来我又觉得我不配她的爱，与此同时，我又心怀感激。为什么说好事长存？正如济慈所说："一个美丽的事物就是一种永久的欢乐。"恩底弥翁与月亮的故事或许可以阐述出爱与被爱的真情，而我也尽了最大的努力来赋予这首诗以生命，以便使你们感到它是依据我个人的命运，以及全世界古往今来所有人

的个人命运写成，而不是以伦普里尔 [1] 的《古典学辞典》
为依据写成的。

断　章

一柄剑。

一柄锻造于寒冷黎明的铁剑。

一柄剑，镌刻其上的神秘字母

谁都无法忽视，谁也不能

将它们的含义彻底解悟。

一柄剑，出自波罗的海

又将在诺森布里亚赢得喝彩，

一柄剑，诗人们会将它

等同于坚冰和火焰。

一柄剑，由君王传给君王

再由君王传给梦想。

一柄剑，将会忠实于

命运女神的一个钟点。

1　约翰·伦普里尔（John Lemprière，约 1765—1824），英国古典学者、
辞典编撰者，以其《古典学辞典》著称于世。

一柄剑，将会照亮战斗的一柄剑。

一柄剑，它匹配的手

将操纵美丽的战斗，

操纵那铺天盖地的男人们。

一柄剑，它匹配的手

会将鲜血涂上狼牙，

涂上渡鸦残忍的尖喙。

一柄剑，它匹配的手

将挥霍掉赤红的金子。

一柄剑，它匹配的手

会将死亡带进毒蛇金色的巢中。

一柄剑，它匹配的手

会夺取一个王国又失去一个王国。

一柄剑。它匹配的手

将砍倒那戈矛之林。

一柄剑，它匹配的是贝奥武夫之手。

这应该是我最好的诗，因为可以说是鲁德亚德·吉
卜林写了这首诗，并名之曰《东西》（"The Thing"）。

我只代表我自己

不过他是在另一个场合写下的。我曾在得克萨斯州的奥斯汀市小住数月。我很爱那座城市。在那里我读了，或者说重读了麦克斯·恩里克斯·乌雷尼亚（Max Henriquez Ureña）所著的《现代主义史》。我在书中读到一首美丽的十四行诗，作者是位玻利维亚诗人。我不想翻译这首诗，因为它无法翻译。但我想我能够背出诗的第一节。诗是这样写的——你们仔细听西班牙文的轻快节奏：

Peregrina paloma imaginaria
que enardeces los últimos amores,
alma de luz, de música y de flor,
peregrina paloma imaginaria.

幻想之中的朝圣之鸽
把火焰带给最后的爱情，
光的灵魂、音乐与花朵的灵魂，
朝圣的灵魂在幻想之中。

于是我对自己说：这首诗没什么含义但却很美。

会有这样的事，比如，回想一下莎士比亚，我们读到过："在这儿听到的音乐，何其悲哀的音乐／又如甜蜜在甜蜜中消融，快乐在快乐中沉浸。"这几行诗让我们想到魏尔伦，先知魏尔伦，我们却并不注意它们的含义。我们想到的是声音和象征，仅此而已。于是我思忖也做一次同样的尝试。我要写一首美丽的诗——我不知我能否写好——而为了写好，诗应该没有什么含义。我回溯我的激情之一，我的古代英国人、古代北欧人的激情之一，我回忆起撒克逊人和斯堪的纳维亚人曾经见过的场面。于是我写下这首诗，用了"这间房子杰克造"[1]这种儿歌式的语调开头，然后说到其他东西。开头我只说到剑，然后说到挥舞它的手，然后说到北欧人等等。在诗的末尾我做一了结。这一了结并不比诗本身重要，也不比声音、象征以及展现其中的古代北欧的物象重要。在末尾，我写道："Una espada para la mano de Beowulf."（一柄剑，它匹配的是贝奥武夫之手。）这是一个尝试。通过这个尝试我努力想写出一首既美丽又没有什么含义的

1　指美国童谣 "This is the house that Jack built"。

诗。我希望我做到了。

月 亮

给玛丽亚·儿玉

那片黄金中有如许的孤独。

在众多的夜晚，那月亮不是先人亚当

望见的月亮。在漫长的岁月里

守夜人已用古老的悲哀

把她填满。看她，她是你的明镜。

也许我们可以言简意赅地写作。我觉得诗歌、记忆、忘却都丰富了词汇。我不知 moon（月亮）这个徘徊在英语中的词，是否与拉丁文或西班牙文中的 luna（月亮，镜面）的意思完全相同。我以为它们之间稍有不同。而这稍许的不同，也许正如我们所知，是非常重要的。但是在这里，我想到的是一代又一代人久久仰望明月，思索它，并将它谱写成神话，例如那有关恩底弥翁在拉特莫斯山上的神话。我继而自忖：当我仰望月亮，我所望见的并不仅仅是天空中一个发光体，它也是维吉尔、莎士比亚、魏尔伦、贡戈拉的月亮。所以我写下这首诗。我想应该记住第一行——Hay tanta soledad en ese oro（那片黄金中有如许的孤独）——因为没有这一行，整首诗就要四分五裂——也许它已经是四分五裂的了。写作毕竟是一件十分神秘的事。诗人不应当干预他写出的东西。他不应当让自己介入作品，而应当放手让作品自己把握自己。应当给圣灵、缪斯，或潜意识——用一个丑陋的当代名词——留下用武之地，然后我们或许便可以写成诗歌。甚至连我也能写一首诗。

一朵黄玫瑰

荣名的无数张嘴——用一个对吉昂巴蒂斯塔·马里诺[1]来讲贴切的意象——同声盛赞杰出的马里诺是新的荷马、新的但丁。他并未在那天下午或次日下午死去。不过当时发生的那不容更改、不言自明的事，却实际上是他一生中发生的最后一件事。因不堪岁月与荣名

---

1 吉昂巴蒂斯塔·马里诺（Giambattista Marino，1569—1625），意大利诗人，"马里诺派"的创始人。他曾用二十年时间创作出一部长达四万五千行的长诗，名为《阿多尼斯》。其作品在全欧各地均有译本。

的重负，他终于倒在一张饰有雕花床柱的西班牙大床上奄奄一息。我们不难想象一个阳台，气派非凡，朝向西边，而数步之遥的下面，是大理石、月桂树和一座花园。矩形水池的水面倒映出园中石阶。一位妇人将一朵黄玫瑰插入花瓶。马里诺喃喃低诵起他所熟稔的诗句；说真的，这诗句已开始令他感到些许困倦：

> 花园的血液，小径上的锦绣，
> 春日的珠宝，四月的明眸……

忽然启示升起。马里诺看到的这朵玫瑰或许曾为亚当在伊甸园中看到过。他意识到那玫瑰存在于其自身的永恒之内，而不是在他的诗句之中；我们或许能够提及、暗指某物，但我们永远根本无法表述它；而在客厅一角，那些投下金色半影的高傲的巨大的书册——正如他虚荣地梦想到的那样——并非世界之镜，而仅仅是添加给宇宙的又一赘物。

这道亮光投向马里诺，在他即将谢世的傍晚，也许，它亦曾投向荷马和但丁。

另一只老虎

创造一个相似物的技巧

——莫里斯《伏尔松希固德》(1876)

我想到一只老虎。昏暗的光线

强化那广大而繁忙的图书馆

仿佛将书架向后推去。

强大、天真又血迹斑斑的老虎

精神饱满，穿越林莽和清晨，

将足迹留在一条河流的泥岸，

它不知道这河流的名字，

(在它的世界里既无名字也无过去

或将来，只有肯定的现在)

它蹚过野蛮的地段，

从一缕飘动的鹿骚气中

嗅出草叶编结的迷宫的气味。

在万竿竹丛里

我辨认老虎的道道花纹，感受

它华美颤动的毛皮裹盖的骨架。

这星球上起伏的海洋与沙漠

无益地横加阻挠，我却仍然

从南美洲遥远的港口，从这房屋里

追踪你，梦见你

哦，恒河之滨的老虎。

当夜晚充满我的灵魂，我想

我在诗中呼唤的老虎

是象征和阴影的老虎，

是一连串的文学转喻，

是百科全书的记忆，

而不是那宿命之虎、那致命的珍宝

在太阳或变幻的月亮下

在苏门答腊或孟加拉，走完它

爱情、懒散与死亡的生命之环。

为了象征的老虎，我反抗

那真实的热血的老虎，

一群水牛的十分之一被它屠戮，

而今日，1959 年 8 月 3 日，

一片蓄意的阴影广布草地，

在命名它的过程中

在猜测它的世界时

它变成虚构，变成艺术，不再是

漫游在大地上的野兽中的一只。

我们将找到第三只老虎。像

其他老虎，它将由我的梦幻

赋形，成为言词一组，

而不会由脊骨支撑

超越于一切神话之外，

漫步世界。我知晓这一切，

但某物把我推向这模糊、

疯狂与古老的冒险，我在

午后的时光中继续搜寻

另一只老虎，不在这诗中。

　　《一朵黄玫瑰》与《另一只老虎》，这两首诗的主题当然是一样的，只是象征体不同。我先写了《黄玫瑰》，数年以后我觉得黄玫瑰还没有说清楚，就运用了另一个象征体，不是玫瑰而是老虎，做了第二次尝试。于是我写下《另一只老虎》。当然在第二首诗里大家会不只去想那三只老虎。我们不得不思索一条无限的老虎之链。它们相互联结，它们力量强大。真抱歉，这就是说，本诗拥有一个寓意。其含义在于，艺术无法将事物据为己有。与此同时，尽管事物不能被占有，尽管我们永远找不到那朵黄玫瑰或者那另一只老虎，我们却把词汇、象征体、隐喻、形容词、意象构筑起来，而这些东西是存在的；这个构筑而成的世界并非玫瑰和老虎的世界，而是艺术的世界，它或许同样值得称赞，同样真实。据我所知，一些诗出自绝望，出自对艺术感到无望的情感，以为艺术无法表述事物，只能暗示事物——这些诗或许也就是希望和幸福的符号，因为如果说我们不能模仿自然，那么我们依然能够创造艺术。而这对于人，对于任何人，对于他的一生来讲，也许就足够了。

　　原　因

　　无数次落日与无数代人。

　　没有开始的日子。

　　亚当喉咙里水的清凉。

　　秩序井然的乐园。

破解黑暗的眼睛。

黎明时分的爱情之狼。

词汇。六韵步诗。镜子。

巴比伦塔和骄傲。

迦勒底人凝望的皓月。

恒河中数不清的沙砾。

庄周和梦见他的蝴蝶。

岛屿上的金苹果。

游荡迷宫的脚步。

珀涅罗珀无限的织锦。

斯多葛派循环的时间。

死人口中的一枚硬币。

鱼鳞上遗存的宝剑的重量。

更漏中的每一滴水。

雄鹰。值得纪念的时日。古罗马军团。

法萨卢斯清晨的恺撒。[1]

大地上十字架的阴影。

---

1 公元前 48 年，恺撒率军攻入希腊，并在法萨卢斯彻底击败庞培，
庞培逃往埃及后被杀。

波斯的象棋和代数。

长途迁徙留下的足迹。

王朝征服者的宝剑。

无情的罗盘。浩瀚的大海。

记忆中钟表的滴答回声。

断头台上的国王。

军队：不可胜数的尘埃。

丹麦夜莺的歌喉。

书法家精致的线条。

镜中自杀者的面庞。

赌徒的纸牌。贪心的黄金。

沙漠上浮云的形态。

万花筒中的阿拉伯图案。

每一次忏悔，每一滴眼泪。

所有这一切均被塑造得完美，清晰。

使我们的手得以相握。

　　我们的手终于握在了一起，我知道，为了这幸福的相会，过去的一切都不可或缺。任何事情的发生，都是由意味深长的、难以测度的过去催化而成，都是由因果之链推演而成。当然，并没有什么最初的因，每一个因都是另一个因的果。每一个事物都指向无限。这或许是一个抽象的想法。与此同时我又觉得它千真万确。从这一角度讲，我觉得这是一首真实的诗，尽管它包含了许多转喻和隐喻。这首诗的力量不在于它的每一行或者隐喻或者形容词或者修辞圈套，而在于其内容的真实性，即整个过去，整个难以测度的过去之所以发生，就是为了指向一个特殊的时刻。这样，过去就不是没有道理的了。如果我们有了一个幸福的时刻，人类幸福的时刻，那么在此之前必有许多可怕的事情发生，但也会发生不少美好的事情。过去塑造着我们，过去始终在塑造着我们。我以为过去并不是什么讨厌的东西，而是像某种源泉。一切都来自这源泉。这就是我的所感、所知，我尽量处理好过去。而说到过去，我不仅指历史上发生的事——因为历史是琐碎的，而且头绪繁乱——我主要是指神话。神话远为重要。所以我以神话开头。我说到哈姆雷特，我说到希腊神话，说到历史上不曾发生但曾出现在人们梦中的事情。所以我想这首诗或许有其正当之处。

我只代表我自己

臆想的诗篇

弗兰西斯科·拉普里达博士 [1] 1829 年 9 月 22 日
为阿尔多地方武装所杀害，临终之际他想道：

在这最后的下午子弹哀鸣。

风刮起，扬起灰尘。

使白昼被湮没，使混乱的战争

结束；而胜利属于他们，

属于野蛮人：加乌乔们 [2] 赢了。

我，弗兰西斯科·拉普里达

研究过教规与民法的人，

宣布过这些落后省份

独立的人，被推翻。

我身上涂满血污，汗水淋淋，

心中没有恐惧或希望，

我败走南方，穿过最遥远的僻壤。

1　弗兰西斯科·拉普里达（Francisco Laprida，1786—1829），阿根廷
　　律师和政治家，1816 年阿根廷宣布独立时为圣胡安省的革命议会
　　代表。

2　加乌乔（gaucho）为南美草原上的牧人，印第安人和西班牙人的混
　　血种族。

我像《炼狱篇》中的那位首领

徒步奔逃在平原上，留下血迹，

在死亡中失明，被死亡击倒，

面前一条黑暗的河流失去了名号：

我也将这样倒下，今天即是末日。

黑夜降落在平原的四周

伏击我。我听见我自己的

迫近的死亡的蹄声，追寻着我，

我渴望变作他物，一个

有情感、爱读书、主持公道的人，

现在将躺在广阔天宇下的一片沼泽中。

然而，一种秘密的快意莫名其妙地

鼓荡着我。我最终与我的命运，

与我南美人的命运相逢。

那自打我幼时既已开始

穿越的复杂的迷宫，将我

带向这毁灭性的下午。

此刻，在这最后地点，我找到

深奥的密码和暗号破解我的一生，

破解弗兰西斯科·拉普里达的命数

以及隐匿的字母，还有上帝

从最初既已知晓的完美的形式。

在今夜的镜中，我发现了

我出乎意料的永恒的神采。

包围圈在缩小，会是这样。

长矛指向我，我脚踩着它们的

阴影。死亡的嘲弄、

骑手、马匹和它们的鬃毛

旋转着向我围拢，冷酷的铁器

第一次撕扯我的胸膛，

亲密的刀子横在了我的咽喉……

  是罗伯特·勃朗宁策划了这首诗的写作。在勃朗宁的作品中，我们读到浪漫的独白，我们得以摸清一个人感情的脉络。于是我就想：我要按斯蒂文森的习惯，尽最大努力小心翼翼地模仿勃朗宁来写一首诗。尽管是小心翼翼的模仿，但如果把处于生命最后时刻的英雄人物的所思所想写出来，那么这首诗或许也会强烈地打动人心。于是我把自己想象成 1816 年第一届革命议会的主席弗兰西斯科·纳希索·德·拉普里达，我家的一个亲戚。他被加乌乔们杀害。然后我自言自语道：我无须尽量重现他被野蛮人打败的情景，而是要想象他当时的思想。他是一个希望我们国家变成文明国家的人。他打了败仗，被野蛮人穷追不放，他自刎而死。然后我想到但丁《炼狱篇》中的一行诗："Fuggendo a piede e sanguinado il piano."（双脚没命地飞奔，鲜血染红了土地。）[1] 我的意大利文不好，但我想这行诗是不会错的。我把这行诗糅进了我的诗："[que,] huyendo a pie y ensangrentando el llano"（[他] 徒步奔逃在平原上，留下血迹）。我发表了这首诗——很遗憾，它曾被一份报纸拒绝过，这份报纸的名字我就没必要提起了——但后来这首诗发表在《南方》（Sur）杂志上。这首诗并不仅仅是一首历史题材的诗，我写的是我们大家的共同感受，因为专制到来了。巴黎人、马德里人和罗马人可以抗议。但我们却是地地道道的南美人，头上就是独裁者。所以诗人说："Al fin me encuentro con mi destino sudamericano."（我最终与我南

---

1   但丁《炼狱篇》第五歌第99行。——原注

美人的命运相逢。）所以我写下这首诗。诗写到后来，骑手们发现了他们紧追不舍的人，诗以诗中人物的死而结束。我写到最后一节诗，而最后一节诗恰好就是他自刎之前生命的最后一刻。因此我写道："el íntimo cuchillo en la gárganta"（亲密的刀子横在了我的咽喉）。这是我可以写出的最后一行诗，因为这以后他也许就死了，也许已投生到另一个世界了，我们不知道，但是诗，我想具有某种悲剧的力量，因为它以人物的死亡而告终。人死了，诗结束，它们同步。

一本书

物中之物，难得有一件
可以用作武器。这本书 1604 年
诞生在英格兰，
人们赋予它梦的重载。它内装
喧哗与骚动、夜色与猩红。
我的手掌感到它的沉重。谁能说
它也装着地狱：大胡子的
巫师代表天命，代表匕首，
闪射出阴影的律法，

134

古堡中氤氲的空气

将目睹你的死，优雅的手

能够左右大海的血潮，

战斗中的刀剑和呼号。

静寂的书架上，那静默的怒吼

沉睡在群书中的一册之内，

它沉睡着，有所期待。

　　我们把所有的书，不仅圣书，还有其他书，都当作圣典。这是对的，因为我们的工具，人类制造的工具，只是人手的延长——一把剑、一副犁。而望远镜或显微镜乃是人的视力的拓展。但是说到书，其意义要大得多。一本书是想象和记忆的扩大。书籍也许是我们借以了解过去，也了解我们个人过去的唯一的依凭。然而何谓一本书？一本书摆在书架上的时候——我记得爱默生好像这样说过（爱默生使我受益匪浅，他是我心目中的英雄之一）——一本书是物中之物。而说到底，它为何要展现在我们而前？一本书是一个物件，它摆在那儿，它自己无所谓存在与否。

一本书并不自知，直到一位读者捧起它来。于是我想到我要写一首关于这简单的事实的诗：一本书乃是物质世界中的一分子。既然我非得选择一本书，我便想到了《麦克白》。如果只允许我挑选一出莎士比亚的悲剧，我想我会挑中《麦克白》。这个寒气森森的故事开始于一个女巫的问话："何时姊妹再相逢，雷电轰轰雨蒙蒙？"然后是麦克白的感叹："人生如痴人说梦，充满着喧哗与骚动，却毫无意义。"另一个人物又说道："这死去的屠夫和他残忍的贪婪。"当然麦克白远不只是一个"死去的屠夫"。于是我想，哦，这就是一卷书。我们发现在这卷书中麦克白的悲剧包含了所有的喧嚣、怒吼和命运女巫（Weird sisters）。Weird（命运）在这里不是形容词，而是名词，因为它在撒克逊语中为 Wurd（命运），三女巫也就是命运女神。而这本书是死的，这本书并没有生命，从某种意义上说，这本书潜伏着，等待着我们。所以我写下最后一行。我记得这一行是："它沉睡着，有所期待。"

5

人群是一个幻觉

哥伦比亚大学，
1980 年 3 月

人群是一个幻觉……我是在与你
们个别交谈。

巴恩斯通　博尔赫斯，在每一种文学中，作家们都使用神话。乔伊斯、弥尔顿、维吉尔等等莫不如此。你自己的作品中也有不少神话，你能跟我们谈谈你对运用神话的看法吗？

博尔赫斯　我从未试图写过神话。也许是读者把神话安在了我的头上，但我从未试过或从未想到要试一试。

巴恩斯通　那么你为什么选择要写一首关于恩底弥翁的诗呢？

博尔赫斯　我写了一首有关恩底弥翁的诗，因为我想说那确有其事，那不是神话。每一个为人所爱的男人都是获得了一位女神的爱。我曾经是恩底弥翁，我们每一个人都曾经是恩底弥翁，他为月亮所爱，又感到自己不配，又为此而心怀感激。这就是那首诗的含义。我并没有玩弄神话。

巴恩斯通　你这一辈子翻译过很多东西。当你翻译别的语言时，你是否觉得学到了什么对你自己的诗歌创作有用的东西？

博尔赫斯　是这样，不只在翻译时，阅读时也是如此。我总在学习。我是一个门徒而不是一个导师。

巴恩斯通　你觉得翻译作品在多大程度上改变了西班牙语或英语？也就是，比如说，詹姆斯王钦定本英译《圣经》[1] 的存在，是否影响到英语的使用？

博尔赫斯　我认为钦定本英译《圣经》是一本地地道道的英国书。我视之为一部本质上的英语之作，像华兹华斯、乔叟一样本质（essential）。我并不觉得莎士比亚是本质上的英国诗人——我认为他与英国传统相异，因为英国人在陈述方面惯于节制，而莎士比

1　詹姆斯王钦定本《圣经》为通用的标准英译《圣经》，首版于 1611 年。翻译工作由兰斯洛特·安德鲁斯（Lancelot Andrewes）领导，据传本·琼生和莎士比亚都参与了译文的润饰工作。

亚好用强有力的隐喻。所以当我想到英国作家，我当然一般想到的是约翰生、华兹华斯、柯勒律治。为什么要落掉罗伯特·弗罗斯特？他也是个英国作家！[1]

巴恩斯通 我想请教一下你自己在诗歌创作中对自由体和传统诗体如十四行诗的看法。

博尔赫斯 我认为在所有诗体中，自由体是最难的，除非你存着小心，不上沃尔特·惠特曼的当！我觉得古典形式要容易些，因为它们向你提供一种格律。现在我只重复斯蒂文森的话，斯蒂文森写道，一旦你掌握了一种诗歌格式，你便会继续重复这种格式。这种格式的特点也许是头韵（如古英诗或古挪威诗），或是尾韵，或一定数量的音节，或长短音。一旦你掌握了一种诗歌格式，你只要重复它的格律即可。在散文方面格律不得不时时变化。这变化要悦耳，使读者乐于接受。而这也许就是为什么诗歌在任何国家的文学中都比散文出现得早。诗歌更容易些，特别是当它有

1　指弗罗斯特在气质上更倾向于英国作家。

一定的形式可以遵循时。

　　说到自由体诗，我要说自由体诗就像散文一样难写。很多人以为当我们口头表达时，我们运用了散文语言。这是一种误解。我认为口语和文学无关，我认为散文是很难做的。散文总是在古典诗歌之后出现。我当然也犯过所有青年人都要犯的错误，以为自由体诗比格律诗好写。所以我的第一本诗集从许多方面看都是一个失败：不只是因为它没有卖出去一本（我从未试图卖出去），而且是指那些诗都很笨拙。我要建议青年诗人从古典形式和格律起步。

　　所有格律中最美丽的一种，我要说，是十四行诗。多奇怪，一种看起来随意性很大的形式，十四行——两节四行诗，两节三行诗；或者三节四行诗，然后是两行押韵的对句——竟可以用于如此不同的目的！如果我想到一首莎士比亚的十四行诗，一首弥尔顿的十四行诗，一首罗塞蒂[1]的十四行诗，一首斯温伯恩的十四行诗，一首威廉·巴特勒·叶芝的十四行诗，我想

1　但丁·加百利·罗塞蒂（Dante Gabriel Rossetti，1828—1882），意大利裔英国诗人、画家，英国"拉斐尔前派"的核心成员。

到的是完全不同的东西。可结构是相同的，因为这个结构可以任由诗人们唱出自己的声调。所以说世界上所有的十四行诗都具有相同的诗结构，但它们又完全不同。每一位诗人都对它有所贡献。所以我要劝青年人从严格的诗节起步。

巴恩斯通　你能否比较一下英语十四行诗与西班牙语十四行诗以及你自己的十四行诗的不同？

博尔赫斯　不要提我的十四行诗，我们在谈文学。

巴恩斯通　尽管如此，你的十四行诗与英语十四行诗是有些联系的。

博尔赫斯　我希望如此。当然西班牙语十四行诗与英语十四行诗可以有很大的不同。如果我抽出一首贡戈拉的十四行诗，或者一首加尔西拉索[1]或者一首克

1　加尔西拉索·德·拉·维加（Garcilaso de la Vega，1503—1536），西班牙宫廷诗人，成功地将意大利十一音节诗行引入西班牙。

维多，或者卢贡内斯，或者恩里克·班奇斯[1]的十四行诗，我们就能看出它与英语十四行诗的不同。形式是一样的。但是十四行诗形式背后的声音、语调却完全不一样。

巴恩斯通　博尔赫斯，我们是否可以谈一谈另一个问题，一个私人问题，关于你的情感：你是否有过平和之感，在什么时候？

博尔赫斯　有过，但大概现在没有。是的，我有过一些平和的时刻。也许只有寂寞给我带来过这种感觉，有时是书籍，有时是回忆，也有时我一觉醒来发现自己在日本或在纽约。这些平和的时刻是些令人愉快的礼物。

巴恩斯通　你什么时候有过恐惧感？

1　恩里克·班奇斯（Enrique Banchs，1888—1968），阿根廷诗人，在二十三岁之前的四年间发表了自己的全部作品。

博尔赫斯　现在我就有恐惧感。我怯场。

巴恩斯通　还有别的时候呢?

博尔赫斯　嗯,我对美也有恐惧感。有时在阅读斯温伯恩、罗塞蒂、叶芝或华兹华斯的作品时,我会想到,哦,这太美了。我不配读我手上的这些诗。但我也感到恐惧。在动笔写作之前我总是想:我算什么呢?居然要写作?我对写作能知道多少?然后我就自己愚弄一下自己——但我已写了好多次,再写一次也无妨。当我面对一张白纸时我也会有这种恐惧。我就对自己说:说到底,这有什么?我已写了很多书了。除了写下去我还能干什么呢;既然文学看起来已经成了——我不愿意说"命运"——已经成了我的工作。而我对它又满怀感激之情。这是我敢想象的唯一命运。

巴恩斯通　最近你谈到你曾两次进入你认为是超时间(timeless)状态的神秘时刻。你愿意说说这不可言传的事吗?

144

博尔赫斯　可以。超时间的时刻有两次让我遇上。一次来得很平常。我忽然感到我超越于时间之外。另一次的来临，是在一位女士告诉我她不能爱我而我感到不快的时候。我散步走了很远的路。我走到布宜诺斯艾利斯城南的一个火车站，忽然，我感到我超越了时间，进入了永恒。我不知这个感觉持续了多久，因为我不在时间之内。但我感谢它。于是我就在火车站的墙上写了首诗。（我真不该那样做！）诗如今还写在那儿。所以说我一生只有两次那种经历。而同时，我既认识从未有过那种感觉的人，也认识常有那种感觉的人。比如我有个朋友是神秘主义者，他可以时常沉浸在心醉神迷之中，而我不能。在我的八十年中我只有两次摆脱了时间。

巴恩斯通　当你在时间之内——

博尔赫斯　我总是在时间之内。

巴恩斯通　你一生中的其他九十八个时刻，有心理时间、梦的时间，还有外在的时间、钟表的时间、可测算的时间。你常说到和写到时间。

博尔赫斯 时间是最根本之谜。

巴恩斯通 你能否跟我们谈谈梦的时间？

博尔赫斯 如果你用"梦"这个词，你就要把它当作梦之虎的梦、噩梦的梦来看待……我总是梦见我自己在布宜诺斯艾利斯的一个街角上，或在一间房子里，一间颇为普通的房子，然后我就试着走向另一个街角或另一间房子，它们都和以前的一模一样。梦就这样做下去。于是我就会自言自语道：哦，这是一个迷宫的噩梦。我只要等着就行了。我总是按时醒来。但有时我梦见我醒来，发现我还在同样的街角上或同样的房间中或同样的沼泽地里，被同样的雾气包围或注视着同样的镜子——于是我就知道我并没有真正醒来。我接着做梦直到我醒来，但噩梦的感觉还要持续上两三分钟，直到我感到我要疯了为止。然后一切突然消逝得无影无踪。我又能重新入睡。我要说，做噩梦是我的坏习惯之一。

巴恩斯通 你的老习惯之一是看重友谊。

博尔赫斯 我所有的习惯都是老习惯。

巴恩斯通 在过去的六十年里，你在友谊方面经历如何？

博尔赫斯 不幸的是，当我想到我的朋友们，我想到的是死去的男人和女人。但是我还有一些活着的朋友。当然在我这个年龄我实际上已经没有什么同时代的朋友了。怨谁呢？谁也不怨。我应当早就不在人世了。不过长寿依然是件好事，既然我现在在美国，既然我现在坐在你们中间。

巴恩斯通 你几乎对任何荣誉都不屑一顾，甚至对你自己作品的出版也并不热心。

博尔赫斯 当然。

巴恩斯通 但今天我们在这里同这样一群友好的

人群是一个幻觉

人说话。告诉我，你对你同他们说话，让他们了解你的真知灼见作何感受？

博尔赫斯　我不是在对他们说话。我是在同你们每一个人说话。说到底，人群是一个幻觉。它并不存在。我是在与你们个别交谈。沃尔特·惠特曼尝言："是否这样，我们是否在此孤单相聚？"哦，我们是孤单的，你和我。你意味着个人，而不是一群人，那并不存在，当然是这样。甚至我自己也或许根本不存在。

读者　据说你很喜欢纽约市。

博尔赫斯　我当然喜欢。我又不是个傻瓜！

读者　你为什么认为纽约是一个如此特别的地方？

博尔赫斯　让我告诉你阿道夫·比奥伊·卡萨雷斯[1]

---

[1] 阿道夫·比奥伊·卡萨雷斯（Adolfo Bioy Casares，1914—1999），阿根廷小说家、记者、翻译家，著有科幻小说《莫雷尔的发明》。他是博尔赫斯的朋友，与博尔赫斯有频繁的合作。

对我说过的话。他说，"我热爱布宜诺斯艾利斯"（那是我们两人的家乡），"我热爱伦敦，我热爱罗马，我热爱巴黎，但是当我到达纽约，我便想到我一生的时光全部泡在外省了。这里才是都城"。他很高兴来到这里，我也一样。我们现在是在都城。

读者　我们现在是在一座图书馆里。谈谈你的小说《通天塔图书馆》。

博尔赫斯　对，我写下那篇小说，那时我正在努力模仿卡夫卡。我是在四十年前写的那篇小说，我真的不记得它了。

读者　你曾说过一个作家开始时描写的是有着城堡和马匹的王国，可到头来还是以描画他自己的面孔结束。

博尔赫斯　我说过这样的话吗？但愿我说过！啊，不过当然，我记得那一页。写的是一个男人，一个无边无际的世界展现在他面前。于是他开始画船，画锚，画塔楼，画马匹，画鸟雀，等等。到最后他发现他所绘制的只是他自己的一幅肖像。那当然是关于作家的隐喻：一个作家身后留给人们的不是他的作品，而是他自己的形象。形象被注入其作品中。对许多作家来讲，每一页都可能是败笔，但那些东西集中到一起，就是作家自己留在人间的形象。比如埃德加·爱伦·坡的形象胜过他所写的任何东西——甚至包括他最好的作品《阿瑟·戈登·皮姆历险记》。所以这也许是作家的命运。

读者　你能否谈一下你对犹太教的兴趣？

博尔赫斯　我以为这其中有很多原因。首先，我的祖母是英国人，祖上世代都是传教士。可以说我是一遍遍听着英文《圣经》长大的。此后我尽了最大的努力要做一名犹太人。我也许失败了。我亲属中有几个人用的是犹太人的名字：阿塞维多和皮奈多。更重要的是，倘若我们属于西方文明，那么不论我们的血统起过什么变化，我们所有人都是希腊人和犹太人。而如果我们是基督徒，那我们当然也属于《圣经》，也属于犹太人。

犹太人使我受益良多。早在 1917 年我自学德语时，我就发现了一种最简便的自学方法：我弄到一册海因里希·海涅[1]的诗集和一部德英词典。对那些学英语的人，我总是让他们从阅读奥斯卡·王尔德的作品入手，尽管王尔德没什么了不起；而海涅，众所周知，当然是一个天才。希伯来的卡巴拉哲学也使我受益。我写过一首关于魔像[2]的诗，我写过很多关于以色列的诗。但我不知道这些事实是否足以说明问题。我想足够了。我时常把自己想象为一名犹太人，但我不知道我是否有权利这样想。这也许是妄想。

读者　你有没有写《堂吉诃德》第三部的计划？

博尔赫斯　不。别在我身上寄希望，也别觉得我

1　海涅是犹太人。
2　魔像（Golem），希伯来传说中的有生命的假人。在《旧约·诗篇》第 139 篇第 16 节和犹太法典文献里 Golem 被译作"未成形的体质"。术士们将符咒放进假人（一般是泥雕像）的嘴里或贴在其头上，以赋予其生命。

人群是一个幻觉

有什么好害怕的。

读者　从你的作品中可以看出，你注重离奇的、超自然的、异想天开的事。这是为什么？

博尔赫斯　或许你也可以自问一下："为什么我要爱，要喜欢月亮？"我并不觉得这有什么奇怪。当然，uncanny（离奇）这个词只存在于日耳曼语族中。操拉丁系语言的人们感觉不到对这个词的需要。但是我需要。也许部分原因是我的英国血统。[1] 我能够感受离奇，很多人则不能，因为西班牙语中就没有这个词。苏格兰方言中还有一个好词 eerie（怪异的），也是拉丁人所感受不到的。

读者　你的诗歌创作欲和散文创作欲之间的区别何在？

博尔赫斯　诗歌和散文在本质上是相同的，它们

1　英语属日耳曼语族。

只是在形式上不同而已。不过，它们反映到读者身上也有其不同之处。比如，如果你读一页散文，你所期待或惧怕的是尚未读到的信息、建议或论证，而在你读一页诗歌时，你愿意领会的是情绪、热情、悲伤、幸福，或其他诸如此类的东西。但是我以为从本质上讲，散文与诗歌是一回事。

读者 在《〈吉诃德〉的作者皮埃尔·梅纳尔》中，你探讨了仿古写作（creative anachronism）的文学技巧。你如今对什么样的仿古写作感兴趣?

博尔赫斯 我怀疑仿古写作是否可能，既然我们都生活在同一个世纪，我们都写着同样的书，思考着同样的问题。比如福楼拜坐下来写了一本关于迦太基的长篇小说，但若要我点出一部典型的十九世纪法国小说，我将点出《萨朗波》。[1] 不会有另外的选择。甚至像萧伯纳的《恺撒与克利奥帕特拉》这样优秀的作

---

1 《萨朗波》是福楼拜 1862 年发表的历史小说，以公元前三世纪罗马与迦太基的战争为背景。

品，你一看就会知道它不是写于罗马或以色列。这是一位二十世纪的爱尔兰人的作品。你们不妨这样试一试，判断一下。我觉得仿古写作是不可能的。我们不幸属于某个时代，属于某些习惯。我们使用着当代语言，事情就是如此。

读者 请谈谈《博闻强记的富内斯》中的人物。

博尔赫斯 我那篇小说是对失眠症的隐喻，或者说寓言，因为那时我常常失眠，于是我想到，一个人会因为不胜记忆而发疯。当时我深受失眠症之苦，而说来奇怪，写出那篇小说以后，我的觉也就睡踏实了。我希望那篇小说不会使你昏昏欲睡。

巴恩斯通 在你创造的所有人物中，如果你创造了一些人物的话——

博尔赫斯 不，我没有。我写的总是同一个老博尔赫斯，只是做了点儿手脚。

巴恩斯通 ——你觉得你对哪个人物最感亲切?

博尔赫斯 我不知道我创造过什么人物。我并不觉得我创造过。我总是用不同的神话来写我自己。

巴恩斯通 在你所"不曾创造"的那些人物中,富内斯是否略高一筹?

博尔赫斯 是。我觉得那是一篇好小说,尽管那是我写的。

读者 你小说中的人物为什么在智力上都有些自命不凡?

博尔赫斯 我想是因为我自命不凡。我有点儿书呆子气。

巴恩斯通 说说你的小说《死亡与罗盘》。

博尔赫斯 我已经记不清那篇小说了。我原是要写一篇侦探小说。它曾获得《艾勒里·昆恩》[1]杂志的一个二等奖——我为此感到十分骄傲。

读者 你有过"创作阻滞"（writer's block）的情况吗？

博尔赫斯 这是什么意思？

巴恩斯通 意思是你头脑枯竭写不下去。

博尔赫斯 我的头脑总是枯竭，但我装着没这回事。

读者 你怎么看胡利奥·科塔萨尔[2]？

博尔赫斯 我记得科塔萨尔。差不多三十年前我

---

1 《艾勒里·昆恩》(*Ellery Queen*)，美国侦探小说杂志。艾勒里·昆恩也是同名推理小说系列中的侦探，同时是该系列小说的两位作者合用之笔名。

2 胡利奥·科塔萨尔 (Julio Cortázar, 1914—1984)，阿根廷小说家，拉美文学爆炸代表作家之一。

编着一本小型的几乎隐秘的杂志[1]，他带着一篇小说来找我，想听听我对这篇小说的看法。我说："十天以后你再来。"那个星期还没过去他就来了。我告诉他小说正在排版，我妹妹正为它画插图。那是篇很好的小说，也是我读过的他唯一一篇小说，名叫《被占的宅子》。这以后他再没露面。我们曾在巴黎见过一面，他跟我提起那段插曲——就是这样。你们看，我又老又瞎，我不读当代作家的作品，但我记得那篇很好的小说和我妹妹画的插图。那是他第一次在布宜诺斯艾利斯发表东西，我是他的第一个出版人。

读者　你还记得什么关于马塞多尼奥·费尔南德斯的事情吗？

博尔赫斯　我一直记得他。马塞多尼奥·费尔南德斯，一个天才——这天才不总是体现在他的作品中而常常在他近乎无声的谈话中闪现出来。你如果没有头脑，你就没法同马塞多尼奥说话。我有一个堂兄，现

1　杂志名为《布宜诺斯艾利斯年刊》。——原注

在已经死了。我记得马塞多尼奥有一回问他某个音乐会上是否有许多听众。他回答说听众少得像一群没人管的牲口。马塞多尼奥喜欢这个笑话，而我的堂兄也乐于给他瞎编。我问我堂兄干吗非要对马塞多尼奥这么讲，他说如果不是因为马塞多尼奥，他就不会编这个笑话了。马塞多尼奥以他的宁静使我们大家受益，甚至我也变得机智了许多。他说话声音很低，但他无时无刻不在思考。他不考虑出版。我们背着他出版他的著作。他只把写作当成一种思考的方式。我认识不少著名人物，但没有人能像马塞多尼奥·费尔南德斯那样给我留下如此之深的印象。

读者 有人概括我们时代的特征为：人道主义在艺术和文化上的式微。你认为你是一个人道主义者吗？你对这种概括怎么看？

博尔赫斯 我想我们应尽最大努力来挽救人道主义，这是我们唯一的家当。我能做什么就做什么。我当然把自己看成一个人道主义者。我对诸如政治、赚钱、名誉之类的东西毫无兴趣，那一切与我格格不入。

但是当然，我崇敬维吉尔，我崇敬所有的文学，我崇敬过去——为了创造未来我们需要过去。是的，我按照斯宾格勒[1]的观点来思考西方的衰落。但就我所知，我们也许能为远东所救，比如为日本所救。我们更应该努力自救，这样更好。

读者 你怎样看文学的未来？

博尔赫斯 我想文学还是颇为安全的。文学之于人类的心灵不可或缺。

---

1 奥斯瓦尔德·斯宾格勒（Oswald Spengler，1880—1936），德国历史学家、历史哲学家，著有《西方的没落》。

6

但我更偏爱做梦

麻省理工学院，
1980 年 4 月

我想我重形象胜过重观念。我不善于抽象思维。正如希腊人和希伯来人所做的那样，我倾向于以寓言和隐喻的方式而不是以理性的方式来思考问题。这是我的看家本领。当然我不得不时而做一些笨拙的推论，但我更偏爱做梦。

翟姆·阿拉兹拉吉（以下简称阿拉兹拉吉） 能否讲讲你如何得益于英文？

博尔赫斯 我想我一生中的头等大事是我父亲的藏书室。我大部分书都是在那里读的。藏书室里堆满了英文书。我父亲对济慈、雪莱、斯温伯恩的诗作如数家珍。对菲茨杰拉德的英译《鲁拜集》[1]也了如指掌。我还记得他吟诵爱伦·坡诗歌时的样子，其中有些诗我从那时起就记住了。我是通过英文接触到诗歌的，后来我又通过西班牙文接触诗歌，特别是那些我不能理解的作品——当然，说到底，理解并不重要。

正如我所说的，在我还是个孩子的时候，我感受诗歌但并不理解它。是我父亲把诗歌带给我。我五年前去世的母亲过去常说，当我吟诵英国诗歌，尤其是吟诵斯温伯恩、济慈的作品时，我使用的是我死去的

---

1 《鲁拜集》系波斯诗人欧玛尔·海亚姆所作，爱德华·菲茨杰拉德（1809—1883）的英译本由于其出色的译文而被视作英诗的一部分。

父亲的声音。

巴恩斯通 在《新生》一开始，但丁就谈到他是从自己的记忆中誊抄出诗篇。他写道："我的记忆之书的开篇部分无甚可读之处。我读到标题为'新生伊始'（Incipit vita nova）的一章。是标题促使我在这本小书中抄录下那一章的内容，若非全部，至少是其精华。"你能否谈谈，你从你的记忆之书或那冥冥中听到的声音里得到了什么？

博尔赫斯 我视写作为听写。就是说，我忽然意识到有什么事情要发生了。于是我便坐下来，尽量消极，尽量不做自我干预。然后我便有所发现。总会有一个最初的、不完整的灵感。我也许会得到一行诗，也许会得到一个情节，或者我也许会在梦中得到一个词或几个词。比如几年前在美国的东兰辛那个地方我做过一个梦。醒来梦全忘了，但我记住了一个句子："我要把莎士比亚的记忆卖给你。"起床后我把这个句子说给我的朋友玛丽亚·儿玉听，她对我说："也许这暗示着一篇小说。"我让它等待着，尽量不去干预圣灵——或者说灵感、缪斯，或者如我们今天所说的潜意识——所给予我的东西。然后我就写了一篇小说。小说现已在布宜诺斯艾利斯发表，名为《莎士比亚的记忆》。但是在我的小说中，莎士比亚的私人记忆并不出售，它只被赠予。刚开始时它让人觉得像一件礼物。但到最后它使人不胜负担。在莎士比亚私人记忆的重压下那个人消失了。

肯尼思·布莱切尔（以下简称布莱切尔） 在物理学中我们努力将世界复杂的现象归纳为几条简单的原理。但在你所有的作品中，你好像都在证明宇宙的无限复杂，这使我们欲阐明它的尝试变得混乱不堪，而你似乎认为宇宙从本质上讲就是复杂的，说不清的，人的种种尝试终将失败。这是不是对你世界观的正确复述？你的世界观是什么？

博尔赫斯 如果有的话，我把世界看作一个谜。而这个谜之所以美丽就在于它的不可解。但是我当然认为世界需要一个谜。我对世界始终感到诧异。比如我在 1899 年生于布宜诺斯艾利斯，而现在我在美国，坐在朋友们中间。所有这一切都令人不敢相信，可这是真的。至少我以为这是真的。或者也许我并不在这里亦未可知。

阿拉兹拉吉　你在阿根廷搞过几次讲座，题目是——

博尔赫斯　题目极多。

阿拉兹拉吉　嗯，也未必。我知道你对一个题目情有独钟，那就是卡巴拉哲学。早在 1926 年，你就此问题发表过文章《天使的研究》，收入《我的希望的领域》一书。现在你的小说——

博尔赫斯　那本书让我惭愧万分，但说下去，说吧，我努力忘掉它。一本糟糕的书。

阿拉兹拉吉　我知道你不喜欢它。

但我更偏爱做梦

博尔赫斯　不喜欢。我们最好避开不愉快的话题。

阿拉兹拉吉　我知道你甚至走遍布宜诺斯艾利斯的大街小巷，收回那本书。

博尔赫斯　并将它们付之一炬。那是正直之举。

阿拉兹拉吉　但我敢肯定你会觉得那本书中有几篇文章加加工还可以一读。

博尔赫斯　我从未重读过那本书，或者重读我的任何一本书。我写书但不重读它们。

阿拉兹拉吉　但那本书至少表明了你早年对卡巴拉的兴趣，你的小说和诗歌与这种思想有着千丝万缕的联系。卡巴拉对你意味着什么？

博尔赫斯　我想卡巴拉对我意义非常，因为我觉得我来自犹太文明。我母亲名叫阿塞维多，我母亲的家族里还有一个人叫皮奈多。他们是西班牙裔犹太人。

我在卡巴拉哲学中也发现了一个有趣的思想。这个思想同为卡莱尔（Carlyle）和列昂·布劳克（Leon Bloch）所有，即：整个世界不过是一个象征物的体系，整个世界，包括天上的繁星，均代表着上帝神秘的书写。卡巴拉哲学中包含这个内容，我想这大概是它最大的魅力所在。我读过许多有关卡巴拉哲学的书籍。我要向你们推荐——但我算什么人居然要向别人推荐——格肖姆·索伦[1]的《犹太教神秘主义主流》。这是一本相当不错的入门书。我在耶路撒冷与索伦相识。他还送给我另一本关于魔像的书。我读的第一本德文书是梅林克[2]的长篇小说《魔像》。我通读了这本书。书中有一个观念一直吸引着我，即双重性观念。就像苏格兰人所说的 fetch[3]，因为 fetch（活人的魂）既是你自己的形象，又来 fetch（接走）你，把你引向死亡。在德语中使用着一个词 Doppelgänger，意思是人，隐身人，

1　格肖姆·索伦（Gershom Scholem，1897—1982），以色列哲学家、历史学家，生于德国，被公认为现代卡巴拉学术研究的创始者。

2　古斯塔夫·梅林克（Gustav Meyrink，1868—1932），奥地利小说家、翻译家，《魔像》（Der Golem）为其最著名的作品。

3　Fetch 一词有两意：名词意为"活人的魂"，动词意为"接走"。

走在你身边，与你相仿。当然，关于双重性观念，《道连·格雷的画像》、阿莱克斯·阿诺（Alex Arner）等都有此思想。但是说实话，因为我不懂希伯来文，我不知我是否有资格学习卡巴拉哲学。不过，为了愉悦，我并没有放弃学习它。我使用了"愉悦"（pleasure）这个词，毕竟，我们不该轻视快乐。

巴恩斯通　博尔赫斯，我想请教一个类似的问题，你对诺斯替教派和他者（otherness）怎么看？

博尔赫斯　"他者"是个好词。你当然是赋予了它更多的含义。

巴恩斯通　在诺斯替教派的著作中也许有某些你感兴趣的见解。

博尔赫斯　嗯，这和"利他主义"（altruism）是同义词。

巴恩斯通　作者马吉安[1]特别谈到过另一个异在的神，那未知的、匿名的圣父或圣母。这异在的或另外的生命才是真生命，正如那异在的神才是真神。而诺斯替教派的宗旨则在于从尘世的桎梏中，从尘世的错误中，释放内在之我，使他或她回归真生命。

博尔赫斯　去寻找"普累若麻"[2]，我想是这个词。

巴恩斯通　普累若麻，对，那有着三十种神圣特征的神圣王国。你能否详细谈谈诺斯替教派有关他者，有关错误的世界，有关从尘世遁入光，遁入另一个世界而获得拯救的思想？

博尔赫斯　依我看，生命、世界，是一个噩梦，

1　马吉安（Marcion，约85—约160），基督教神学家。马吉安教派是第一个被判为异端的派别，主张类似于诺斯替教派的二元论，完全拒绝《旧约》中的上帝，强调苦行，对后来的摩尼教有重要影响。

2　诺斯替教派认为有一个真实存在的精神世界。它由最高神的无数流出体"移涌"（aeon）所充满，此一"充满"称为"普累若麻"（pleroma）。

但我无法逃避它，我依然在梦着它。我无法抵达拯救。拯救与我们无缘。但我尽了力，我发现拯救之于我就是写作这个行为，就是怀着无望的心情沉浸在写作之中。我还能做什么呢？我已经八十多岁了，我看不见，经常感到孤独。除了继续做梦，然后写作，然后不管我父亲过去怎样告诫我，依然把作品送出去发表，我还能做什么呢？这是我的命运，我命中注定要思考一切事物、一切经验，好像这一切的出现就是为了让我去运用它们来制造美。我知道我失败了，我还要一直失败下去，但这依然是我生存的唯一正当理由。继续体验事物，继续快乐，悲伤，茫然，困惑——我总是为事物所困惑，然后努力运用这些经验来创作诗歌。而在许许多多的经验中，最令我快乐的是阅读。啊，还有比阅读更好的事，那就是重读，深入作品中去，丰富它，因为你已经读过它。我要劝大家少读些新书但要更多地重读。

布莱切尔　在你充满哲学意味的小说和随笔中，你是在创造形象呢还是在描述形而上观念本身？是把语言放在首位还是把哲学思考放在首位？

170

博尔赫斯 我想我重形象胜过重观念。我不善于抽象思维。正如希腊人和希伯来人所做的那样，我倾向于以寓言和隐喻的方式而不是以理性的方式来思考问题。这是我的看家本领。当然我不得不时而做一些笨拙的推论，但我更偏爱做梦。我更偏爱形象。或者如吉卜林所说，一个作家也许能写出一篇寓言，但对寓言的寓意却一无所知，或这寓意与他的本意相左。所以我要继续用心做梦，用心使用隐喻或寓言而不是论说。我一直认为那另一个人是对的。

读者 古英语史诗《贝奥武夫》和许多古代北欧萨迦诗都描写了不少英雄，作为社会生活中理想的典型，而同时它们又展示了社会体制中固有的矛盾，比如家族之间不可规避的世代血仇，英雄们重勇武轻多思，等等。你是否认为当代文学也能产生同样的效果？

博尔赫斯 我得回答我知道这是可能的，因为我们有萧伯纳的《恺撒与克利奥帕特拉》、T. E. 劳伦斯的《智慧七柱》这样具有史诗感的作品。在这些作品中我发现了史诗。同诗歌的抒情性相比，我总是更为诗歌的史诗性所打动。我想我们会产生史诗。何必认为那种伟大的艺术形式已经拒绝了我们？但是当然我们须得以不同的方式去寻找它。也许我们今天已不能用韵文来写出史诗，但是我们肯定能用散文写出它来。我已经为你们举了几个例子，当然还有更多的例子，比如惠特曼把《草叶集》当作史诗来写，而不是把它当成一系列短诗。他是对的，因为他创造出了被我们称为沃尔特·惠特曼的伟大的神话人物。所以我认为史诗并没有拒绝我们。我们不受任何限制。这有赖于我们的作为或至少有赖于我们的努力。

阿拉兹拉吉　既然我们谈到诗歌，我想把话题转到你的诗歌上。在过去的十一年里你出版了你最重要的五部诗集：《影子的颂歌》(1969)、《老虎的金黄》(1972)、《深沉的玫瑰》(1975)、《铁币》(1976)和《夜晚的故事》(1977)。

博尔赫斯　《夜晚的故事》是精华，是最好的一本。

阿拉兹拉吉 在不到十年的时间里，你诗歌的产量增加了三倍。

博尔赫斯 是这样。我向大家抱歉！

阿拉兹拉吉 一些读者和评论家在这些诗集中读到了你写下的最完善最强烈的诗篇。

博尔赫斯 你一片好心。说下去。

阿拉兹拉吉 这些年，你感到诗歌是一种比散文更适用、更有效的媒介。你为什么这样生机勃勃地热切地转向诗歌而渐渐放弃了散文写作?

博尔赫斯 我并不以为我放弃了散文。我写了《布罗迪报告》和《沙之书》，它们是我最好的短篇小说，但是有一件事大概促使我产生了我的朋友阿拉兹拉吉所说的转向。我的失明使我常常身在孤独之中，是呵，粗略地构思一首诗要比构思散文来得容易。这就是说，当我孤单一人时，头脑中就会蹦出一行诗，又一行诗。

我不断润饰这些诗行。它们有韵。我记得住。所以说，诗歌来造访我有它更便捷的途径。瞧，倘若我有位秘书，情况就会不同，我会向他口述很多东西，但我没有秘书。当然，诗歌有一个最大的好处，那就是当你写散文时你只能看到你写作的局部，但如果你写一首诗，你就能统揽全局。例如一首十四行诗的情况就是如此。诗只有十四行，诗人只需一瞥就能把这些诗行一览无余，而一个故事则要长一些，也许要长达七页。所以我发现作诗比写散文容易。这只是就我个人而言。此外，我已失明，我还得加工粗糙的腹稿。腹稿并不成页。在这种情况下，我要说写作是件体力活。尽管我失明了，时而感到孤独，但我脑子里构思着许多篇小说。我已经知道了情节。我尚未进入细节。但我希望至少能再写一部短篇小说集。而大概我还要把诗歌写下去，等我写出三十首后，它们就能被收成一册，像其他诗集一样。

巴恩斯通　有没有什么特殊原因使你决定写一首自由体诗或格律体诗？

博尔赫斯　我想是袭上心头的第一行诗决定我的思路。如果诗行有十一个音节，那么它便预示着一首十四行诗，如果是一行自由体诗，我就接着构思一首自由体诗。

布莱切尔　在《小径分岔的花园》中，迷宫的建造者崔寰写道：

> 您的祖先和牛顿、叔本华不同的地方是，他认为时间没有同一性和绝对性。他认为时间有无数系列，背离的、汇合的和平行的时间织成一张不断增长、错综复杂的网。由互相靠拢、分岔、交错，或者永远互不干扰的时间织成的网络包含了所有的可能性。

博尔赫斯　是的，我想我这个思想得自布拉德雷的《现象与实在》一书。我抄袭了它，也许真是这样，谁知道呢？世界实在神秘，实在丰富。我是在思考布拉德雷的《现象与实在》时发现这一观念的。也许还应当提到另一本书，邓恩的《体验时间》。叔本华也

但我更偏爱做梦

多次论述到这个问题，时间不一定非得是现在、过去，或未来，而完全是另一种样子。

布莱切尔　沿着这个思路下来，在《沙之书》中有一篇故事，你在一开始写到你上一次来坎布里奇："在坎布里奇，我在一张凳子边坐下来，面对着查尔斯河。"

博尔赫斯　啊，对，我记得，对。

布莱切尔　你写过这篇小说吧？

博尔赫斯　对，我想，这篇小说叫《另一个人》（"The Other"）。还记得巴恩斯通所说的"他者"（otherness）吗？

布莱切尔　你是否真的曾经坐在一张凳子上见到一位未来的博尔赫斯，坐在一位年轻的博尔赫斯对面？如果是这样，他对你说了些什么？

博尔赫斯　不，我还说不出什么。但我想过这件事。我会把这篇小说写出来。

布莱切尔　你能给我们讲讲这篇小说吗？

博尔赫斯　小说还没写好。我试图写出它来，但我没办到，我还要再试试。

巴恩斯通　你时常满怀期望地谈到死亡。你不感到恐惧或愤怒吗？你能否谈谈死亡的时间（time）或非时间（non-time）？

博尔赫斯　在我闷闷不乐的时候——我时而让自己感到闷闷不乐——我就把死亡视作伟大的拯救。说到底，对于豪尔赫·路易斯·博尔赫斯来讲发生什么不测又有什么关系呢？我将再也看不到他。我把死亡当作一种希望，一种把自己完全抹掉、完全湮没的希望。我可以指望这一点。我知道没有来世，不必对来世感到恐惧或抱有希望，我们将简简单单地消失，这是理所当然的。我视不朽为一件可怕的事。但实际上它将永远无所作为。我肯定我个人不会永垂不朽。我感到死亡将证实是一种幸福。除了被遗忘、湮没，我们还能期待什么更好的事呢？我就是这样感受死亡的。

读者 既然你如此平静，为什么你的小说里却有那么多暴力？

博尔赫斯 这也许是我家族的军人血统使然。因为我本该成为另一个人。但是现在，我真的不相信这一点。我不信奉暴力，我不信奉战争。我想那一切整个是个错误。我信奉相安无事，而不是兵戎相见。我不信奉国家。国家是一个错误，是一种迷信。我想世界应当是一个整体，正如斯多葛主义者所认为的那样。我们应当是世界主义者，世界的公民。我有许多家乡，比如布宜诺斯艾利斯，比如得克萨斯州的奥斯汀，比如蒙得维的亚，哦，今晚的坎布里奇为什么不是？日内瓦、爱丁堡，等等，好多家乡。好多家乡总比一个家乡或一个祖国好得多。

读者 在你喜爱的诗人中你不曾提到威廉·巴特勒·叶芝。

博尔赫斯　哦，我当然应当提到他。我很抱歉把他漏掉了。我向你们大家抱歉。叶芝是一位伟大的诗人，但我要说，我不敢肯定他的诗歌能够魅力永存，因为你从他那里获得的主要是惊奇，而惊奇是会消失的。我认为弗罗斯特诗歌的生命要比叶芝的长一些。当然我喜欢读叶芝。我可以背出他好多诗行。现在就冒出一行，这行诗是："That dolphin-torn, that gong-tormented sea."（那被海豚撕裂、被钟声折磨的大海。）多好的巴洛克诗句。我并不很喜欢巴洛克诗歌。而弗罗斯特写过许多比这要深刻的诗篇。

读者　《博闻强记的富内斯》是自传性小说吗?

博尔赫斯　是的，它是。它是对失眠的隐喻。我记得我那些不眠之夜，我想努力忘记我自己，忘记我居住其中的房间，忘记房间外的花园，忘记那些家具，忘记我身体的种种不适，可我做不到。我就想到一个为整个记忆所压迫的人。于是我写下那个噩梦，那篇使许多人动心，叫作《博闻强记的富内斯》的小说。实在地讲，英语中 memorious（博闻强记）这个词的

但我更偏爱做梦

词意相当丰富，而西班牙语词汇 memorioso 听起来颇为平常。就此而言，英语译名要比原名好；memorioso 听起来仿佛出自一个农夫之口。不过小说本身，尽管是我写的，还是相当不错的。

读者　有些人奇怪你为什么从未写过一部长度足够的长篇小说，你是否相信你所运用的形式高于长篇小说的形式？为什么？

博尔赫斯　我要说这只是由于个人原因。原因是我写不出长篇小说，尽管我能写短篇小说，就是这样。

读者　有些人关心你作品的翻译问题。人们是否可以重新翻译你已被翻译的作品？

博尔赫斯　诺曼·托马斯·德·乔万尼告诉我，他作品的译文远胜于原文。我想他说得对。我的译者始终在润饰我的作品，并有所创造。威利斯·巴恩斯通和阿拉斯泰尔·里德当然是其中的两位。他们的译文始终比我的原文出色。他们应该尽量摆开译笔，不拘泥于原作。当然他们是这样做的。

马格利·瑞斯尼克　还有别的问题吗？

博尔赫斯　生命短暂。我已经八十一岁了。我随时都可能死去。继续说吧。

读者　你接触过狄德罗吗？

博尔赫斯　我当然接触过。

读者　请谈谈你怎么看 seguro azar（必然的偶然），以及它与狄德罗对宿命论的看法的关系。

博尔赫斯　我不知我能否回答这个相当复杂的问题。据我个人的看法，自由意志是一种幻觉，但却是一种必需的幻觉。比如，如果有人告诉我，我的过去皆为天赐，我便接受这个说法。而如果有人告诉我，我现在并非自由人，我便不能相信。所以说自由意志是一种必需的幻觉。当斯宾诺莎说到一块落下的石头

但我更偏爱做梦

可以想"我想要落地"时，他当然明白这一切。我觉得如果我想继续写作，那么不是上帝，而是那长长的、通向无限的因果之链使我作如是想。

读者 你可否解释一下你对诗歌灵感的看法？

博尔赫斯 我知道它并非子虚乌有，但我只知道这些。我知道我得到了馈赠，而我误用了它们。但是我知道灵感是存在的。而灵感自何而来我却不知。它也许来自记忆，来自一种未知的力。但我知道灵感是存在的，所有的诗人都知道。这就像我知道存在着妒忌的经验、爱的经验，灵感来临的经验是存在的。我就知道这些。我们无须知道得更多。

读者 你能谈谈朗诵吗？现在口头文学遭到印刷文字的冲击，我们想知道你对口头文学的看法。

博尔赫斯 当一首诗是真正的诗时，它迫使读者大声朗诵。这是对诗歌的检验。在阅读一首诗，或一部长篇小说，或一个小故事时，如果你觉得并不非得把它大声朗诵出来，那么这作品一定出了什么毛病。我多次注意到，尽管文字或许应当出诸笔端，但从本质上说它属于口头。既然它始于口头，它就不该脱离口头。

读者　在像我们这样具有威胁性的社会中，艺术家应该充当怎样的角色？美能否在我们所身处的氛围中幸存？

博尔赫斯　我认为诗歌与美必将得胜。我厌恶政治。我没有政治头脑。我有的是美学的头脑，也许还有哲学的头脑。我不属于任何政党。实际上，我不相信政治与国家。我也不相信富足与贫困。那些东西是假象。但是我相信我作为一个好的或坏的或平庸的作家的命运。

但我更偏爱做梦

7

作家等待着他的作品

印第安纳大学，
1976 年 3 月

请允许我似是而非地说——既然
我们都是朋友，我为什么不能这
样说——作家等待着他的作品。
我想一个作家始终被他写出的东
西改变着。所以他开头写下的东
西也许并不合他的心愿。而倘若
他继续写下去，他将发现自己总
是想起那些东西。

巴恩斯通　第一次世界大战期间，你在日内瓦学习法文和拉丁文，在家说英文和西班牙文，你通过德译文碰上了另一位美国诗人的诗句："Als ich in Alabama meinen Morgengang machte."（当我在阿拉巴马的清晨漫步。）

博尔赫斯　沃尔特·惠特曼。

巴恩斯通　你发现的那另一位美国人对你自己的诗歌在现代语言的运用上有什么启发？

博尔赫斯　当我读到沃尔特·惠特曼时，我就不把自己当成诗人了。我作为一名读者读他的诗，我自己的音步被一扫而光。那时我觉得沃尔特·惠特曼也许是唯一的诗人，而所有其他诗人，从荷马等人直到惠特曼之前，仅仅是他的先驱。这就是我当时意识到的东西。在我第一次发现雨果、约翰·邓恩[1]时，我也有过同样的感觉。为什么要忘掉塞内加[2]，他也是一位诗人，还有莎士比亚，还有克维多。

我以为当一位青年诗人第一次发现一位诗人时，他视这位诗人为诗歌而不是诗人，视这诗歌为一门需要至少经过数世纪的摸索才会被某人发现的艺术。这就是惠特曼给我的印象。我是说所有的人都一度是笨伯。如今我当然知道我错了，因为每一位诗人都各有其道理。我想一个人不应当只把某个人当成卓尔不群的诗人。实际上，我猜想诗歌并不是什么高不可攀的东西。依我看甚至最拙劣的诗人，比如我自己，偶尔也能写出一节好诗。在阿根廷三流作家的每一本书里，或许都能找到一节好诗。而也许上帝，但愿他存在——当然他也许并不存在——肯定会认为每时每刻都是精彩的，否则人们何必还要不断写诗？

1　约翰·邓恩（John Donne，1572—1631），英国玄学派诗人。
2　塞内加（Seneca，约公元前 4—65），古罗马哲学家、戏剧家。

斯科特·桑德斯 你说过你是一个作家，而不是思想家，不是文学家。然而我们这些读过你作品的人，成千上万读过你作品的人，却从你作品的理性深度与智性深度中获得了巨大的快乐与兴奋。我们是否误解了你？

博尔赫斯 不，我想是你们在丰富我。因为阅读毕竟是一件煞费苦心的事，正如经验也是一件煞费苦心的事。我每读到什么，什么就有所改变。我每写出什么，什么就一直被每一位读者改变着。每一种新经验都丰富了书本。你们能看到——我想到的是《圣经》——你们能看到它是怎样被一代代人所丰富起来的。我料想经过柯勒律治的阐发，哈姆雷特远较莎士比亚笔下原来的人物要丰富得多。而就我自己来说，我知道我不是思想家，除了指我为事物深深地困扰这一点。我努力破解谜团，我通过让作者为我思考渐渐找到答案。这就是说，我在阅读休谟、贝克莱 [1]、叔本

1　乔治·贝克莱（George Berkeley，1685—1753），生于爱尔兰的英国近代经验主义哲学家。

华、布拉德雷、威廉·詹姆斯[1]，还有希腊人的著作时进行思考。但我想我思考是为了文学的目的。我认为我首先是位作家。经过长期的努力，我已经掌握了一些运用西班牙语写作的技巧，不很多，但我多多少少能够表达我要说的东西，我能够用颇为动听的语言说出它来。人们在读我的小说时，读进去许多我不曾想到的东西，这意味着我是一个小说家。一个只能写他想写的东西的作家不是好作家。作家要以某种天真来写作。他不应当考虑他在做什么，否则，他写出的根本就不是他自己的诗歌。

罗伯特·邓恩 你是否认为作家在其个性与其作品之间存在着一种恰当的联系？也就是说，在前者与后者之间须保持怎样的距离？

博尔赫斯 请允许我似是而非地说——既然我们都是朋友，我为什么不能这样说——作家等待着他的

---

1 威廉·詹姆斯（William James，1842—1910），美国哲学家和心理学家。

作家等待着他的作品

作品。我想一个作家始终被他写出的东西改变着。所以他开头写下的东西也许并不合他的心愿。但倘若他继续写下去，他将发现自己总是想起那些东西。我不应该写那么多书。很抱歉我写了五六十本书，然而我发现那所有的书都包含在我的第一本书中。那是一本黯淡的书，写了很久了，名为《布宜诺斯艾利斯激情》，出版于1923年。那是一本诗集，而我发现我的大部分小说都包含在其中，只不过它们是潜伏在那里。要找到它们需要诀窍，只有我能够从其中搜索出它们。而我不断重访那本书，重塑我已在那本书中写过的东西。我现在只能做这些。某部西部片中的人物说过："你不吱一声，你模糊不清。"可当我回头看那本书时，我便在其中找到我自己，找到我未来的书。

巴恩斯通　在你不同的谈话中，在你的作品中，你频频提到弥尔顿。你提到他的时候比提到但丁的时候要多得多。但我有一个感觉，也许你欣赏但丁甚于欣赏弥尔顿。你能否谈谈你为什么喜欢但丁？但丁使你倾心的是什么？

博尔赫斯 若要我挑出一切文学的峰巅之作，我想我会选中但丁的《神曲》。不过我不是天主教徒，我无法相信神学。我无法相信有关惩罚与恩赏的说法。那些东西与我格格不入。但是但丁的诗本身是完美的。这不是指诗的最后部分。他始终身在地狱，所以无人能想象他已经死了。在但丁这里，你能听出他的每一行诗都极好。而弥尔顿尽管崇高，却颇为沉闷。此外，我个人对弥尔顿喜欢不起来。至于但丁，我不知我是否喜欢他，但我视之为一个真正的人。我很难同样看待弥尔顿。比如，我很清楚，当但丁做他的地狱之梦、炼狱之梦时，他在想象事物，而弥尔顿则是在词句而不是在意象上下功夫。你也许会说，对一个诗人来讲，这种思维是允许的。是允许，但这就不像但丁那样能打动我。弥尔顿给我留下了印象，但仅仅是印象而已。而说到但丁，我便感到他的每一个词都卓尔不凡。我觉得他的每一个意象都本该如此。你不必去证明他诗行的合理性。你不必用中世纪的眼光去看待他。每个词都是完美的，每个词都得其所哉。你觉得但丁的诗句不需要任何人加工。而弥尔顿的很多诗句，至少在我看来，颇为拙劣。如果你非得抱住弥尔顿——为什么不能呢？——我会觉得《力士参孙》和他那些十四行诗比《失乐园》或《复乐园》要好。《复乐园》很差劲。而即使是《失乐园》，我也不能接受它的神学。我不能接受诗中的故事，比如上帝造人，后来又造了基督，那一切对我来讲皆虚无缥缈。它们的确如此。但那些十四行诗却是另一回事，他当然写过一些十分有力的十四行诗。事实上，依我看除了他们都写到上帝、地狱与天堂，在弥尔顿与但丁之间没有任何联系。他们彼此实在差异很大，我不知我们为什么要把他们两人拉到一起。我所谈的都是显而易见之处，而显而易见的东西是微不足道的。

罗杰·坎宁安（以下简称坎宁安）　在小说《长生鸟教派》一开始，你让某人引用了诺斯替教派中一支不起眼儿的派别的信条——诺斯替教派中不起眼儿的派别总是很有趣。

博尔赫斯　啊，是的，那还用说！它们用起来很方便，不是吗？它们总是唾手可得。

坎宁安　有人说镜子与交媾都可厌，因为它们增加人数。[1]

博尔赫斯　我就是那不起眼儿的诺斯替教徒。

坎宁安　问一个蠢问题，你读过哪些有关诺斯替教派的第一手著作，像 Poimandres[2] 或其他什么好东西？

博尔赫斯　我读过一本汉斯·莱泽冈写的书，叫作《诺斯[3]》。后来又读过英国人米德著作的德文译本，名为《研究片段》。此后我又读过《皮斯蒂斯·索菲娅的信仰》一书的某些译文。那么我提到了莱泽冈，我提到了米德，我还应说到多伊森写的《哲学史》。还有一本德国神学家写的书，我在 1918 年读过，后来书弄丢了。对于诺斯替教派的了解我真的仅限于这些。而这

1　这是博尔赫斯说的，见本书第十一篇。
2　Poimandres 是《赫尔墨斯总集》的第一章。《赫尔墨斯总集》是一套收藏了二十四部用希腊语撰写的圣文的总集，又名《秘文集》或《炼金术大全》。Poimandres 最早以希腊语撰写，这个题目经常被理解成"人类的牧人"。
3　"诺斯"（gnosis）为诺斯替教派的核心词汇，意为"真知"。

对于我自己的南美文学的目标即已足够了。

读者 你是否愿意谈一下你在短篇小说中对于暴力的使用？

博尔赫斯 我想我描写暴力可以归因于我的祖父倒在了战场上，而我的曾祖父在秘鲁1856年的骑兵冲锋战役中曾赢得一场战斗。他们那些人总是怀着某种追求，追求我们可以称之为史诗般的历史的东西。当然我与此无缘，因为我觉得我不会成为一名好兵，特别是因为我可怜的视力。所以我偏向于以那种方式去思考。不知为什么，我的朋友们都是些玩刀子的恶棍，还有加乌乔。所有那些事情让我用不着自己去拼杀。说到底，我想你不必为此而担心，因为每个作家都有选择自己的象征媒介的自由。如果我选择了诸如磨坊主、石匠和刀子之类的东西，那有什么不行呢？为什么我就不能做这些选择？

读者 你能否谈谈你的小说《南方》，你是如何构思，如何写出它来的？

博尔赫斯　在写这篇小说之前我一直在读亨利·詹姆斯的作品。和大家一样，《螺丝在旋紧》这篇小说使我大受震动。小说可以有好几种解释。你可以把那些幻象当作幽灵般化了装的魔鬼，你可以把那些孩子当作傻瓜，或当作牺牲品，也许当作帮凶。亨利·詹姆斯把几个故事糅成了一个。于是我想我自己也要如法炮制一回。我也要试试一次写三个故事。因此我就写下了《南方》。在《南方》中你会发现三个故事。你读到的首先是一个拙劣的模仿。一个人被他热爱的事物所戕害。这是奥斯卡·王尔德所说的"每个人都戕害了他所热爱的事物"的颠倒。这可以是一种读法。另一种是，把它当作一个真实的故事来读。还有一种最为有趣的解读方法，并不排除其他两种：你可以把小说的后半部分当成那个人在医生手术下死去时所做的梦。因为实际上那个人幻想着一种壮烈的死。他愿意手持匕首，死在寒光闪闪的刀锋上。而他实际上是死在外科医生的手术刀下。所以那一切都是他做的梦。我感觉这才是对小说的真正的读解。我确实觉得这篇小说在技巧上不错，因为我一次讲了三个故事，它们同时进行，而之间并不相互侵扰。它之所以有趣就在于此。初次读它你会觉得这是一个寓言。一个人渴念南方，而在他回到南方时，南方却杀了他。这就是寓言。若将它当成现实主义小说，你便读到一个故事，一个人发起疯来，被激将着去与一个喝醉了酒的凶手搏斗。我想，第三种读法最好：整个故事是一个梦，因此小说写的不是一个人真正的死亡，而是他在临死前梦见的死亡。

读者　诗歌是"对生活的甜蜜的报复"[1]吗？

博尔赫斯　我很难同意这种观点。我把诗歌看作生活最本质的部分。它怎么能与生活相对立？诗歌或许是生活最本质的部分。我并不觉得生活，或现实，在我之上或在我之外。我即是生活，我就在生活之中。而生活的许多事实之一，即是语言、词汇和诗歌。我为什么要让它们相互对立？

读者　但是"生活"这个词并不是生活。

1　原文：a sweet vengeance against life，弗罗斯特有类似语。

博尔赫斯　但是依我看生活也许是万事万物的总和，如果这样的总和有其可能性的话，那么为什么要将语言排斥在外呢？我无法想象生活外在于我，或与我毫不相干。既然我活着，我还能干什么呢？当我做梦、睡觉、写作、阅读时，我就是在生活。我无时无刻不在生活。倘若我沉思我以往的经验，那么我想斯温伯恩在我经验中所占的分量恰如 1917 年我在日内瓦的生活所占的分量。它们全是我经验的一部分。我无须区分它们，或把生活看作与我不相干的事。说到阿隆索·吉哈诺[1]，我看他生活中最大的事就是阅读骑士阿马迪斯·德·高拉的传奇故事[2]，而他变成了真真正正的堂吉诃德。我以为不应把生活与文学对立起来。我相信艺术是生活的一部分。

读者　你对当今哪些作家感兴趣？

1　堂吉诃德本名阿隆索·吉哈诺。

2　指《阿马迪斯·德·高拉》（*Amadis de gaula*），十六世纪欧洲广泛流传的一部骑士小说，作品中主要人物阿马迪斯被认为是欧洲中世纪骑士的理想形象。

博尔赫斯 当今使我感兴趣的作家大多已经故去。我是个老人，就我所知我也许已经死了。

读者 我想重新表述刚才有人问过的有关作家个性与作品关系的问题。我读到福楼拜的一个观点："作家无足轻重，作品才是一切。"我想到小说《犹大三解》，以及这样一种可能性：随便捧读哪一部伟大的著作，那著作都有可能与作者相对立。

博尔赫斯 我有些糊涂了，因为我记不清那篇小说了。那是我写的，但我已经差不多把它忘了。我写出三种诠解，意味着同一主题的三种不同样板。我几乎想不起它来了。但依我看一个作家与其作品不能没有联系，否则作品便成了词汇的集成，纯粹的游戏。

读者 你能否比较一下布宜诺斯艾利斯的今与昔？

博尔赫斯 今天的布宜诺斯艾利斯几乎不存在。这样说我很抱歉。我的国家正在垮掉。我对世事感到悲哀。当我想起我的童年时我感到很高兴。我觉得人们在那时要比在今天幸福。如今我对布宜诺斯艾利斯一无所知。我不理解它。在我的国家，那些正在发生或进行着的事只能使我感到困惑与悲哀。但我爱她，因为无论如何那毕竟是我的国家。我知道我对那种混乱有一种怀旧之感，因为那种混乱象征着我生活中的许多内容。另外，我并不用政治或经济的眼光来看待我的国家，我想到的是少数挚友和风俗习惯。对我来说，珍视友谊的习惯格外重要。

米格尔·恩吉达诺斯（以下简称恩吉达诺斯） 博尔赫斯，你该记得几年前在一次谈话中，你告诉我说："我要放弃文学。"这使我迷惑不解。

博尔赫斯 我说过这话吗？

恩吉达诺斯 对，你说过。

博尔赫斯 现在这话也使我迷惑不解。

恩吉达诺斯 你听我解释当时的情形。我们在俄克拉荷马。大概当时你正想着勘探石油或什么别的事。

博尔赫斯 对了，那是我的习惯！我经常这么干。

恩吉达诺斯 然后你告诉我你将把余生用在研究斯宾诺莎和古老的北欧萨迦史诗上。而自那以来的实际情况却是，你不仅一如既往地多产，而且写出了一些你最为卓越的诗歌和短篇小说。我主要是想问：你能否好心告诉我们博尔赫斯现在在做些什么？

博尔赫斯 抱歉我正在写着诗歌和故事。我还想写一本有关斯温伯恩而不是斯宾诺莎的书。尽管他们两人的名字都以"斯"打头。

恩吉达诺斯 好吧。但你能否解释一下你对布宜诺斯艾利斯的那把钥匙，或那扇门的怀旧感意味着什么？

博尔赫斯 这就是说我毕竟是一个阿根廷人，一个纯粹的阿根廷人。我怀念故乡，尽管在美国我感到很高兴。

恩吉达诺斯　不，不，原谅我，你把问题岔开了。我并不是有心在对你耍花招。如果你愿意，可否陈述一下你目前的美学或诗学观点？

博尔赫斯　没有，对不起我没有美学观点。我只会写诗，写故事。我没有理论。真的，我觉得理论没什么用处。

巴恩斯通　你可以用你最后这句话铲平半所大学。

读者　你现在口授诗歌和小说，这对你的创作有什么影响？

博尔赫斯　我想这对我帮助很大。我不必再用手写。现在我只管口授下去，我用不着匆忙，据我所知，口授诗行也许困难，但至少对此我已经感到习惯了。此外，我的朋友们都很好，很有耐心。我能够按照我的想法创作。我感到失明因此只能口授未必是件坏事。

巴恩斯通　你可否谈谈友谊？你曾多次谈到它。

博尔赫斯　我想友谊或许是生活最基本的事实。正如阿道夫·比奥伊·卡萨雷斯对我说过的那样，友谊有优于爱情之处，因为它不需要任何证明。在爱情问题上，你老是为是否被爱而忧心忡忡。你总是处于悲哀、焦虑的状态，而在友谊中则不必如此。你和一个朋友可以一年多不见面。他也许怠慢过你，他也许有过躲开你的企图，但如果你是他的朋友，你知道他也就是你的朋友，你不必为友谊而操心。友谊一旦建立起来，它便一无所求，它就会发展下去。友谊有着某种魔力，某种符咒般的魔力。我要说，在我那最不幸的国家，有一种美德依然存在，那就是友谊的美德。我想在座的巴恩斯通对此一定略知一二。我想他知道友谊对我来说意味深长。实际上，当诗人爱德华多·马列亚写出一本名为《一段阿根廷热情史》的好书时，我自忖，那本书写的一定是友谊，因为这是我们真正拥有的唯一的热情。然后我就把书读下去，发现那不过是一个爱情故事，这让我颇感失望。

读者　博尔赫斯先生，你相信诗歌只存在于书本当中吗？

博尔赫斯　不。我过去就说过，我认为诗歌无时不在，只是我们对它不敏感。诗歌当然在记忆中生长。我的记忆里充满了诗篇，也充满了富有诗意的情境。它何必要只存在于书本当中呢？书本毕竟只有当人们阅读或想起它们来时它们才存在，书本难道不是物中之物吗？为什么我们对它们就不敢掉以轻心？为什么我们对装订成册的书本要心怀敬畏？什么原因也没有。依我看诗歌高于词语，因为词语不过是偶然的象征。诗歌存在于词语的音乐之中。

读者　你以前提到过堂吉诃德，我不知你是否介意谈一谈《堂吉诃德》？

博尔赫斯　《堂吉诃德》大概是古往今来最优秀的著作之一。这不是由于书中的情节——其情节单薄，事件无发展——而是由于书中人阿隆索·吉哈诺也许是我们最好的朋友之一。他梦见自己成了堂吉诃德。至少他是我最好的朋友。为将来一代代人塑造一位朋友的渴望很难实现，而塞万提斯实现了。

8

时间是根本之谜

芝加哥大学，
1980 年 3 月

我想时间是一个根本之谜。其他东西顶多只是难以理解。空间并不重要。你可以想象一个没有空间的宇宙，比如，一个音乐的宇宙……时间问题把自我问题包含在其中，因为说到底，何谓自我？自我即过去、现在，还有对于即将来临的时间、对于未来的预期。

巴恩斯通　博尔赫斯，尽管你几乎双目失明，你却总是谈到你置身其中的建筑和房间的特点，你是如何凭借你那有限的视力观看的？今天在这间大厅里你又有何感受？

博尔赫斯　我感受到了友情。我感受到一种诚挚的欢迎。为人所喜，为人所爱，我感受到了这一切。我感受不到具体环境如何，但我感受到了最本质的东西。我不知道我是如何做到这一点的，但我肯定我是对的。

巴恩斯通　你时常拿友谊与爱情做比较，你想再比较一下这两者吗？

博尔赫斯　爱情很奇特，其中充满忧虑，充满希望，而这一切或许正是为幸福而存在。但是在友谊中，不存在误入迷津，也无须满怀希望，友谊就这么存在下去。人们不需要频繁会面，也不需要有什么表示。

但是我们知道，如果我们之间存在友谊，那么对方就是个朋友。在长期的生活中也许友谊比爱情更重要。或者说，也许爱情的职责、爱情的义务就是变成友谊。如果不是这样，它就会让我们的关系半途而废。但是双方都应沉浸在巨大的爱情之中。

巴恩斯通　你是否愿意谈一谈经验与诗歌？

博尔赫斯　我想，对一个诗人来说（有时我也这样自诩），万事万物呈现于他是为了转化为诗歌。所以不幸并非真正的不幸。不幸是我们被赋予的一件工具，正如一把刀是一件工具一样，一切经验都应变为诗歌，而假如我们的确是诗人的话（我并不是一个真正的诗人，我自诩为一个诗人），假如我的确是一个诗人，我将认为生命的每时每刻都是美丽的，甚至在某些看起来并不美丽的时刻。但是最终，记忆把一切变得美丽。我们的任务，我们的责任，即是将情感、回忆，甚至对于悲伤往事的回忆，转变为美。这就是我们的任务。而这一任务的巨大好处在于，我们从不将它完成，我们总是处于完成这一任务的过程之中。

巴恩斯通　在《梦之虎》一书的《王子的寓言》中——

博尔赫斯　但愿我还记得它。

巴恩斯通　记忆就是为了被忘记。

博尔赫斯　我差不多已经把它忘记了。

巴恩斯通　这篇寓言以诗人的后代依然在寻找一个包容宇宙的词语作结。你是否在寻找一个词、一种思维状态、一种感觉、一种理解？在你大限来到之前，你在寻找的——如果你是在寻找的话——是什么？

博尔赫斯　依我看，找到正确词语的唯一办法，是不去寻找它。一个人应当活在此刻，此后，那些词语会不寻自来，或根本不来。我们只能一步一个脚印地、毛病百出地生活下去。我们不得不犯错误，不得不改正错误，这当然是人一生的工作。

巴恩斯通　你自己并不信什么神，不过，由于缺乏其他象征媒介或类似的称谓，你经常在你的诗中使用"神"这个词。你是否信仰什么，或在寻找着什么能够避开因果律的东西？你是否信仰什么超验的东西？

博尔赫斯　我当然信。我信仰世界的神秘。当人们使用"神"这个词时，我就想起了萧伯纳的话。我不知我记得对不对，他说："神在创造之中。"而我们就是创造者。神由我们而出。每当我们造就美，我们便创造着神。至于善报与惩罚，这些东西仅只是威胁与诱饵。我对它们不感兴趣。我并不信仰人格神。为什么一尊人格神——我今天成了泛神论的拥护者——要比我们作为神的大家更重要。从某种意义上说我们就是神。我想我是一个讲道德的人，或者说我已尽力去做一个讲道德的人。我觉得我做得对这就够了。我无法信仰一位人格神。我曾努力去信仰，但我做不到。

不过抱歉地说，在我的先祖中却有几位卫理公会的牧师。我祖母铭记着她的《圣经》，她熟悉那些重要的章节和诗篇。但她也铭记着狄更斯。这也不错。

巴恩斯通　你已经猜到了我的下一个问题。关于狄更斯，你想告诉我们什么吗？

博尔赫斯　当一个人想到狄更斯，他其实想到的是一群人。我说"狄更斯"，但我想到的是匹克威克先生、"小滑头"道奇、尼古拉斯·尼克贝、马丁·朱述尔维特，以及《马丁·朱述尔维特》中的凶手。[1] 我想到狄更斯，说真的，我就想到一群人。至于狄更斯本人，他倒不如他的梦境有趣。这当然意味着对狄更斯的夸赞，同样，当我说到"莎士比亚"，我并没想到威廉·莎士比亚。我想到的是麦克白、三女巫、哈姆雷特和那些十四行诗背后的神秘人物。所以说到狄更斯，我想到许多人，而那许多人不过是狄更斯的梦。他们带给我莫大的乐趣。我不断读下去，重读下去。

1　以上都是狄更斯笔下的人物。

巴恩斯通　回到人格神的问题上，你是诺斯替教派的信徒吗（a gnostic）？

博尔赫斯　我是一个不可知论者（an agnostic）。

巴恩斯通　不，我指的是诺斯替教派的信徒。

博尔赫斯　哦，是的，我也许是。为什么不今天是诺斯替教派教徒，明天是不可知论者呢？两者是一回事。

巴恩斯通　你伦理学的基础是什么？

博尔赫斯　依我看，在我们生活的每一时刻，我们都不得不做出选择。我们不这样做就那样做。正如约翰生博士所说，我们始终是道德主义者，而不是天文学家或植物学家。

巴恩斯通　在芸芸众生中，你怎么就成了博尔赫斯？存在选择了你，你不感到惊讶吗？你如何看待个人意识？

博尔赫斯　我为成为博尔赫斯而感到惊讶和惭愧。我曾努力要成为另一个人，但直到现在我也没办到。我根本不喜欢做博尔赫斯。我希望我是你们当中的某个人。

巴恩斯通　说说你的写作。口授诗歌作为与动手写作相对立的写作方式，是否改变了你要写的诗歌？

博尔赫斯　我想这使它们变得更好，因为它们现在更短些。

巴恩斯通　那些为你记录诗歌的人——你母亲、安娜列斯·冯·德·里本（Annaliese von der Lippen），还有今天在场的玛丽亚·儿玉——

博尔赫斯　她们是否对我的诗歌有反对意见？经常有。但我很固执，依然故我。

巴恩斯通　她们的异议与观点对于你实际的诗歌写作有影响吗？

博尔赫斯　是的，有影响。她们总是与我合作。我记得我写过一篇名叫《闯入者》的小说。兄弟俩两个恶棍由于相互嫉妒而杀死了一个女人。他们结果她的办法就是用匕首把她捅死。我口授到最后一句，我母亲把它写了下来。她对整个故事都颇反感。她对于恶棍和匕首感到厌倦。这时我讲到，哥哥不得不告诉弟弟他已经在那个早晨用刀子杀死了那个女人，或者是他不得不勒死她，我也不清楚——干吗要提那些血淋淋的细节呢？他不得不那样说，我不得不找一个恰当的词。于是我对我母亲说："他怎么能那样呢？"母亲说："让我想一想。"这是在早上。停顿了片刻，她忽然以一种异样的声音说道："我知道他说的话了。"我就说："好，写下吧。"她写完以后我让她读给我听。她读出来的是："我闲着没事，兄弟，今天早上我把她杀了。"她为我找到了合适的词。小说结束。我添了一两句话。这时她要我别再写这些杀气腾腾的小说了。她对它们感到厌倦。但是她向我提供了我需要的词，与此同时从某种意义上讲，她变成了小说中的一个人物，而她也相信这一点。她说"我知道他说了什么"，好像真的确有其事。她为我那篇名叫《闯入者》的小说提供了关键性的词。那也许是我最好的小说——或者也许是我所写出的唯一一篇小说。

巴恩斯通　在你年轻的时候，有一段短短的时间你同一些加乌乔们一起去了北方。你能否描述一下你的经历？这趟旅行对你和你的作品有何影响？

博尔赫斯　我在 1934 年去了巴西与乌拉圭的交界地区。在那里我找到了阿根廷的过去。我找到了平原，找到了加乌乔，那些东西在我的国家已不复存在。那些东西在期待着我，或至少在等待着我。我在那里待了十天左右。我感到颇为厌烦。但我看到了一个被杀死的人。这我以前从未见过。他是一个乌拉圭老牧人，被一个黑人用左轮手枪撂倒。他挨了两枪，就倒地身亡了。我当时想，这多可怜。然后我就不再想这件事了。但是多年以后，当我在乌巴边境上的桑塔安纳 - 利夫拉门图的那十天生活已变得相当遥远的时候，那个地方又重现在我的脑海之中。好像我一直记着它。这很奇怪。我差不多走遍了全世界，我到过一些伟大的城市，我到过或许可以称之为世界之都的城市纽约，我也到过伦敦、罗马和巴黎，可我不知道我的记忆何以会回到那座巴西边境上的破败的小镇，而一旦我写起来，它便好像给我带来了灵感。不过当时它并没有什么特别有趣之处。整个事件是后来在我的记忆里发生的。

巴恩斯通　你在童年和青年时代读的书——

博尔赫斯　我一直在读书。

巴恩斯通　你最初读的是些什么东西？

博尔赫斯　我想我读的第一本书是《格林童话》，正如切斯特顿所说，这是德国人写的最好的书。然后我读了《爱丽丝漫游奇境记》和《镜中世界》。[1] 自1906 年或 1905 年以来，我时常重读这些书。我读了也许是世界上最好的科幻小说，它们是威尔斯[2] 编织的

1　两书的作者是英国作家、数学家、逻辑学家刘易斯·卡罗尔（Lewis Carroll，1832—1898）。

2　H. G. 威尔斯（H. G. Wells，1866—1946），英国科幻小说家。

噩梦。我读了《时间机器》《月球上最早的人》《莫罗博士岛》《隐身人》《神的食物》《世界大战》。我发现了那部永无止境的书，其永无止境是在多种意义上说的，因为这是一部只能长不能短的书，它得实副其名。我第一次谈到的《一千零一夜》，是译自加兰法译本的英译本。后来我利用所学，读了爱德华·威廉·雷恩、伯顿船长和利特曼三人的三种德译本。两年前我读到一种由墨西哥阿圭勒出版社出版的非常出色的西班牙文译本。译者是安达路西亚犹太作家拉斐尔·康西诺－阿森斯，一部极出色的译作，也许是所有译本中最出色的一种。

我发现了一部长篇小说。起初由于语言太难，几乎无法卒读。但不知怎的我还是硬着头皮读了它，再也没有撒手。这本书当然是塞万提斯的《堂吉诃德》。我读了第一遍，以后就反复读下去。我也反复读威尔斯，以及刘易斯·卡罗尔的那两本书。那些书是我最初的读物。我还读了两本我如今已不大读的书，因为我又读到了这同一作者的其他著作。我是指吉卜林的《原来如此故事集》和两本丛林小说。我热爱吉卜林。当时我读的另一部书在我看来不太有名。而它本应该有名。那部书其实是两本，即马克·吐温写的《艰苦岁月》和《加州故事》。此后我又读到《哈克贝利·芬历险记》。然后是爱伦·坡的小说，同时还有儒勒·凡尔纳的小说。

巴恩斯通　你什么时候读的弥尔顿的《失乐园》？

博尔赫斯　1914年我的双亲带我去了欧洲。他们对大战即将爆发之事一无所知。当时我得到"人人丛书"中的一本弥尔顿作品集。我没有去游览巴黎——当时我肯定只有十五岁——而是待在旅馆里读了《失乐园》、《复乐园》、《力士参孙》和他的十四行诗。我并不后悔。

巴恩斯通　在你最初发现古英语诗人时，他们对你自己的创作产生了什么影响？

博尔赫斯　我是在或许可以称之为"戏剧性的时刻"发现古英语诗歌的。我尽量打消这种戏剧性色彩。那是在1955年，我的视力衰弱到已经不能阅读。我当时是英语文学教授。我对我的学生们说，咱们何时才能对这门课程真正略知一二呢？我家里有一本斯威特（Sweet）编的盎格鲁－撒克逊文选，还有一本《盎格鲁－撒克逊编年史》。于是我们便开始了阅读。我们对两个词大有兴致。这两个词是伦敦和罗马的撒克逊称法。伦敦称作 Lundenburgh（兰登堡）。Burgh 与 borough 或 burg（村镇）其实是一个词，来自 burgos，正如爱丁堡、汉堡、歌德堡等等。而罗马的称法也很妙，因为这个词中拉丁称法与撒克逊称法各占一半。盎格鲁－撒克逊语称罗马为 Romaburgh（罗马堡）。我们对这两个词大有兴致。在《盎格鲁－撒克逊编年史》中我们还发现了一个漂亮的句子："尤利乌斯·恺撒，或尤利乌斯·特·恺撒，是青睐不列颠的第一人。"但是古英语为这句话更添光彩："Gaius Iulius se Casere aerest Romana Brytenland gesohte."后来我们奔跑着穿过布宜诺斯艾利斯一条名叫"秘鲁"的大街，高喊着"Iulius se Casere..."人们都瞪眼瞧着我们，但我们毫不介意。我们发现了美！此后我便把学习继续下去，现在我学到了古斯堪的纳维亚语。这种事常常发生。你从古英语开始，如果走运的话，你也会掌握古斯堪的纳维亚语。

巴恩斯通　有几个有关声望的问题。你如今把你的声望看作一种可能的错误。

博尔赫斯　那还用说？但这是一种慷慨的错误。

巴恩斯通　当你还年轻时，当你在布宜诺斯艾利斯一座小图书馆里工作的时候，你是怎样看待出版与声望的。而在以后的岁月里你的看法又有了怎样的变化？

博尔赫斯　我从不在声名上费脑筋。对于声名的向往与我青年时代在布宜诺斯艾利斯的生活格格不入。比如莱奥波尔多·卢贡内斯可以被正确地称作阿根廷共和国的首席诗人。我猜他作品的发行量只有五百册，而他从不考虑销售情况。我记得艾米莉·狄金森说过：发表并非一个作家命运或生涯的一部分。她从未发表过。那时我们也都这样想。我们写作，既不为少数人，也不为多数人，也不为公众。我们以写作自娱，也是为了让我们的朋友们愉快。或者我们写作，也许是因为我们需要打发掉某些想法。伟大的墨西哥作家阿尔丰索·雷耶思[1]对我说过："我们出版是为了不再继续校订手稿。" 我知道他说得对。我们出版一本书是为了摆脱它，忘掉它。它一旦出版，我们对它的所有兴趣也就随之结束。很抱歉人们写了五六十本关于我的书，我却没有读过其中任何一本，因为我对书的主题知之甚多，而我对这主题又感到厌倦。

巴恩斯通　你在作品中说你不像你的先辈那样勇敢，你手无缚鸡之力，所以胆小——

博尔赫斯　我是这样。我的牙科医生对此再清楚不过了！

巴恩斯通　你的眼科医生也清楚吗？

博尔赫斯　我的眼科医生和外科医生都清楚。人人都知道。这不是什么大秘密。

1　阿尔丰索·雷耶思（Alfonso Reyes, 1889—1959），墨西哥散文家。

巴恩斯通　然而你却总是在公开场合大声反对时风时尚。

博尔赫斯　当然!

巴恩斯通　而你从未从你自己的利益出发发表过观点。恰恰相反。现在我想起来你曾告诉过我,有一回一个窃贼威胁你道:"给钱还是给命。"你回答:"给命。"把窃贼吓了一跳,转身就跑。

博尔赫斯　我想让他杀了我,可他不愿意。

巴恩斯通　那么,博尔赫斯,你是个弱者还是个勇者?

博尔赫斯　我想,在体格方面我是个弱者,但在智力方面我却不然。我从未迎合过权势或群氓。我想,就"勇者"这个词的严肃意义而不是军事意义而言,我是个勇者,当然,我不像我的先辈,都是些扛枪打仗的人。但我也不能自诩为一名作家。我也无法把自己看作一名士兵或一名水手或一个商人，或者更糟，一个政客！

巴恩斯通　在日本，你对那些有条不紊地进行冥想的僧人们印象颇深，他们非常有教养。

博尔赫斯　在冥想的过程中，有一点不能忘记：修行者应当尽量觉得自己就是佛。就我所知他也许真是佛。或者他需要进入无的状态，这也会有益于他。我是在一座寺院里听到这些的。在日本，不断会有给我留下深刻印象的事物。每一天之于我都是一件礼物。就我们所知，也许东方将拯救我们，特别是日本，因为日本有两种文化：我们的西方文化、它自己的文化，以及笼罩其上的中国文化的灿烂阴翳。这是一个非常可爱的国家。我只在那里待了三十天，那一段时间我将永志难忘。我追怀着那里的生活。

巴恩斯通　在一个每天对你来讲都很重要的国家你会有何感受？

博尔赫斯　我心里非常，非常，非常感激。在美国，我也总是有些感受。人们对我太好了，太宽和了。在这里，你们大家认真对待我。我自己对待我自己并不认真。而我感谢你们。但我想你们是搞错了。

巴恩斯通　当你向内透视自己时你看到的是什么？

博尔赫斯　我尽量不去透视我自己。或者更如十分钟前一位芝加哥司机所说的那样，我痛恨记忆。他说的这句话也许来自塞内加。他是一位出租车司机，也当过兵。

巴恩斯通　大约六十年的时间过去了，你如今怎样看待你早年在日内瓦的朋友们：西蒙·伊哈林斯基和莫里斯·阿布拉莫维奇？你同他们还有联系吗？

博尔赫斯　有，有联系。我再次见到他们，是在半个世纪以后，但这无关紧要。我见到他们，我们交谈，毫不介意半个世纪已经过去，还是接着谈论从前的话题：法国的象征主义者们。那是一次很好的经历。

我们根本没有谈到阔别这么多年来各自的情况，而是接着从前的话题谈论文学，谈论拉丁文、德文和意第绪语。

巴恩斯通 你还要写什么书，博尔赫斯？

博尔赫斯 我想写一篇题为《奖赏》的小说。这篇小说得自我十几天前的一个梦。我一直在心里琢磨着它。我知道我将把它写出来。我想写一本关于斯威登堡的书，大概还有几篇小说和相当一堆诗。我一直在心里琢磨着它们。同时，我还在同玛丽亚·儿玉一起翻译安杰勒斯·西莱修斯。我们就要译完粗糙的第一稿，接下来我们将把它润色一遍。

巴恩斯通 是人类的躯体让你睡眠，让你苏醒，让你呼吸，它也让我们死亡，让思想有所依附。给我们谈谈躯体，你对人类的躯体有何坦率的看法？

博尔赫斯 我认为这是一个笨拙的设计。弥尔顿早就奇怪为什么视力会存在于被他称为"那两颗脆弱的球体"的眼睛里，为什么不用你的整个躯体观看？我们会变成盲人。眼睛设计得十分笨拙，但它们带给我们愉快，很抱歉，它们也带给我们地狱，带给我们痛苦。肉体的痛苦实在很难忍受。依我看，诺斯替教派对此有最好的解释：他们认为上帝颇为愚蠢，上帝没有干好他的工作。威尔斯在他一部名为《永生的火》(The Undying Fire)的非常出色的小说中表达过同样的观点，认为上帝虽然尽了力，但他手中的材料太粗糙，太不好驾驭。而回到萧伯纳那里，上帝在创造之中，我们是创造的一部分。我们应该是上帝的一部分。

巴恩斯通　你能否谈一谈艾米莉·狄金森的诗？在美国诗人中你怎样看待艾米莉·狄金森？

博尔赫斯　艾米莉·狄金森是所有尝试过写作的女性中最充满激情的一个。此刻我只记得她两行一般的诗句——但是当然它们并不一般，而是不朽的："死亡是我们对天堂所知的一切/也是我们对地狱所需的一切。"第二行极好。"所需"(need)这个词在行文中运用得好极了。她毕生写作，又把写出的东西置诸脑后，留下草稿，而现在她已鼎鼎大名。当然这并不重要。我把她当成私交很深的朋友。我对她私心敬重，我私心热爱着艾米莉·狄金森。

巴恩斯通　在众多美国诗人中，你要把她放在什么位置上？

博尔赫斯　我想人们应该完全放弃诸如"最好"或"第一"这类词，因为这类词并不具有说服力，只能引起争论。美并不稀有。我们总是遇到美。比如，我对匈牙利诗歌一无所知，但我肯定在匈牙利诗歌中我当然能够发现一个莎士比亚，一个但丁，一个修士路易斯·德·莱昂，因为美是普遍的。人们无时不在创造着美。我写了一首有关亚历山大图书馆的诗，我把它题献给奥玛尔[1]，是他焚毁了亚历山大图书馆。在诗中我让他想道：这里是语言的记忆，这里收藏着人类所有的诗歌、所有的梦、所有的故事。哦，我要烧毁

1　奥玛尔（Omar，581—644），伊斯兰教史上第二任哈里发，公元七世纪伊斯兰帝国的统治者。

这座图书馆，让书籍化为灰烬，因为我知道，在适当的时候，另一些人会重写同样的书，任何东西都不会真正湮灭。

巴恩斯通　请给我们谈谈时间。

博尔赫斯　我想时间是一个根本之谜。其他东西顶多只是难以理解。空间并不重要。你可以想象一个没有空间的宇宙，[1] 比如，一个音乐的宇宙。当然，我们是聆听者。不过，说到时间，你有一个如何给它下定义的问题。我记得圣奥古斯丁说过："何谓时间？若无人问我，我知之，若有人问我，我则愚而无所知。"我想时间的问题是一个真正的问题。时间问题把自我问题包含在其中，因为说到底，何谓自我？自我即过去、现在，还有对于即将来临的时间、对于未来的预期。所以这两个不解之谜，[2] 正是哲学的基本内容，而我们很高兴它们永无解开之时，因此我们就能永远解

1　中国人对宇宙的观念：往古来今谓之宙，四方上下谓之宇。
2　即时间问题与自我问题。

下去。我们可以继续我们的猜测——我们将把这猜测称为哲学，哲学的确仅仅是猜测。我们将继续编织理论，从中体会到莫大的乐趣，然后拆掉它们重新编织新的理论。

巴恩斯通　你有一种令人费解的记忆。

博尔赫斯　是的，就我所知我的记忆也许是稀奇古怪的，因为我会忘记我的过去。我拙于对环境的记忆，但长于引证——我的朋友们对此都很了解。我脑子里内容丰富。我可以背出许许多多西班牙语、英语、古英语、拉丁语、法语、德语，以及古斯堪的纳维亚语的诗歌，当然还有意大利语诗歌，因为我把《神曲》反复读了不下六遍。我的记忆中充满了诗歌，但没有多少年月日和地名，我把这些东西给忘了。我记不清我种种经历的前后顺序，但不知怎么回事，词语却依恋着我，或我依恋着它们。

读者　你在 1925 年出版过一本名为《判决》的书。我从别处读到你曾努力购回那些旧书，然后把它们烧掉。[1] 你能解释一下吗?

博尔赫斯 很抱歉实有其事。书写得很差劲。我同时模仿莱奥波尔多·卢贡内斯、堂·弗朗西斯科·德·克维多和托马斯·布朗爵士。我理所当然要失败。我希望那本书将不复存在。

巴恩斯通 你的第一本诗集是怎么回事?

博尔赫斯 我的第一本诗集《布宜诺斯艾利斯激情》在 1923 年问世。它实际上是我的第四本书。在它出版之前,我毁掉了前三本。后来我请我饱学的父亲看看这本诗集,他拒绝了,说你应该犯你自己的错误,纠正你自己的错误。他死后我在他的遗物中发现了我的这本诗集。书中被他修改过的地方比比皆是,整本诗集面目全非。后来我把我父亲改过的这本诗集收进了 Obras completas,《博尔赫斯全集》。我为此感激我

1　看来博尔赫斯收回并烧掉的旧作不止一种。本书第六篇曾提到被烧掉的另一本书《我的希望的领域》。

父亲。他从未把这本书拿给我看过，他对这本书不置一词。但自从我见到这本被修改过，被我父亲大加修改过的诗集，我就知道了我父亲对它的看法。

巴恩斯通 你是否真的曾经在公共场合把你的书塞进批评家们雨衣的口袋，而后来当你改变了主意，你又下力去到各家书店把书收回？

博尔赫斯 对，实有其事。这真像一则传言，但确实发生过。

读者 你尝言文学使你思如泉涌，在你自己的文学里——

博尔赫斯 我自己的文学？不，我应该说别人的文学。但我觉得书本确能激发人的想象力。读书是一种经验，就像，姑且比如说，看到一个女人，坠入情网，穿过大街。阅读是一种经验，一种千真万确的经验。

读者 我的问题实际上是要问其他艺术是否给你

带来过灵感，因为我想知道你是怎么想到要写《为六弦琴而作》这本诗集的。

博尔赫斯 我不喜欢探戈，我喜欢米隆加[1]，所以我为米隆加写了这些抒情诗。我努力避免地方色彩，因为地方色彩只是表面真实。我也避免使用俚语，因为俚语因时而异。我使用的是西班牙语的基本词汇，我觉得《为六弦琴而作》这本诗集写得还不错。至于音乐，我只能告诉你这些。我同阿道夫·比奥伊·卡萨雷斯和他的妻子希尔瓦娜·奥坎波一起干，把一张张唱片放到留声机上听。我们发现有些唱片对我们没用，于是就把没用的拿走，留下有用的。我们发现不能给我们带来灵感的音乐唱片全属德彪西之作，而能够激发我们的是勃拉姆斯，所以我们就专听勃拉姆斯……

1　米隆加（Milonga），一种起源于南美的音乐及舞蹈形式。

9

我总是把乐园
想象为一座图书馆

纽约笔会俱乐部，
1980 年 3 月

我知道我命中注定要阅读，做梦，哦，也许还有写作。但这并非我非做不可的事。我总是把乐园想象为一座图书馆，而不是一座花园。

我们也被埃德加·爱伦·坡所创造。这是位璀璨的梦想家、悲哀的梦想家、悲剧性的梦想家。

阿拉斯泰尔·里德（以下简称里德） 1970 年你曾在伦敦的某个场合说过——当时我坐在你身边——一切伟大的文学最终都将变成儿童文学，你希望随着岁月的流逝，你的作品也将为孩子们所阅读。你能否进一步谈谈你的这个想法？

博尔赫斯 可以。我想尽管说出这个想法的人是我，但这样讲是正确的，比如说，埃德加·爱伦·坡的作品就是孩子们的读物。我小时候就读过它们。孩子们也读《一千零一夜》。也许这只会有好处，因为孩子们读的书毕竟也是我们要读的书。他们单纯地沉醉在手上的书中。而这正是我赞同的唯一一种阅读方式。人们应该把读书当作幸福的事、快乐的事，我想强制性阅读是错误的。你们也许还可以说强制性爱情或强制性幸福也是错误的。人们应该为乐在其中而读书。我教了二十多年英国文学，我总是对我的学生们说，如果一本书使你厌烦，那你就丢开它。它不是为你而写的。但是如果你读得兴致勃勃，那你就读下去。

强制性阅读是一种迷信行为。

约翰·科尔曼（以下简称科尔曼） 我有一个印象，即你本能地赞同亨利·詹姆斯对俄国长篇小说的描述，认为那是个松散、臃肿的巨兽。我不知你是否依然同意这种对于俄国长篇小说以及长篇小说作为一种体裁的一般性描述？

博尔赫斯 我一辈子只读过几部长篇小说，但我不想说长篇小说的坏话，因为这样我就将冒犯康拉德、斯蒂文森，当然还有陀思妥耶夫斯基，还有《堂吉诃德》第二部。因此当我对长篇小说表示不恭时，也许错误在我。

科尔曼 我听说你的早期著作之一《虚构集》在纽约上市以后销路不好。纽约读者不买你的书的理由是，博尔赫斯先生的这些短篇小说写得这么好，我们何不等着读他一个大长篇呢？

我总是把乐园想象为一座图书馆

博尔赫斯　我不是长篇小说的读者，所以我很难成为一名长篇小说作家，因为所有的长篇小说，甚至包括最出色的长篇小说，总有铺张之嫌，而一个短篇却可以通篇精炼。比如鲁德亚德·吉卜林最后几个短篇，或亨利·詹姆斯最后几个短篇，或康拉德写的那些故事——这些作品都很精炼。为什么要忘记《一千零一夜》中的那些故事呢？在那些故事里你找不到渲染铺张。但一般说来，长篇小说对于我，至少对于一位作家来讲，会令肉体困乏。

里德　博尔赫斯，我们想就你作品中所有我们不懂之处向你讨教。

博尔赫斯　我不知我自己是否懂得它们。我打赌我也不懂。

里德　约翰和我希望你能解释一下两三个在你作品中颤动的词，其中一个词——

博尔赫斯　是的，我知道，这个词是"迷宫"

(labyrinth)，谢谢你们。

里德 不，不，不。

博尔赫斯 谢谢。是个和这个词差不多的词。

里德 这个词比"迷宫"更神秘一点儿。是你在写作中用到的 asombro（惊异），还有词组 horror sagrado（神圣恐惧）。依我看在你的作品中这是些绝对根本的词汇。你能否告诉我们你是在什么意义上使用 asombro 的?

博尔赫斯 我想 asombro 指的就是我时时感觉到一种东西。事物使我惊讶，事物使我吃惊，我就是这个意思。至于说到那个 horror sagrado，你可以在英语文学最优秀的诗篇之一中找到它：

织起一个圆环把他三遭绕上，

闭上你的双眼感受神圣恐惧，

只因他食用的露水甘甜如蜜，

一直饮着乐园里的仙乳琼浆。[1]

最后一行写得多好："一直饮着乐园里的仙乳琼浆。"你会觉得那仙乳令人敬畏，令人肃然，令人感到不可思议。"织起一个圆环把他三遭绕上，／闭上你的双眼感觉神圣恐惧"，这不就是"神圣恐惧"吗？

里德　换句话说，horror sagrado 是否就是柯勒律治"神圣恐惧"（holy dread）的西班牙语译法？

博尔赫斯　我想"神圣恐惧"应当是译自拉丁文的什么说法，是一种罗马人感受到的东西。我记得在什么地方读到过，大概是佩特[2]在《享乐主义者马利乌斯》中提到，罗马人认为某些地方是神圣的，罗马人说这些地方 numen in est（有神居其间），因此这些地方具有神圣性，因此它们必然令人感到"神圣恐惧"。Horror divino（宗教恐惧）指的是同一种感觉，贡戈

1　柯勒律治，《忽必烈汗》，第51—54行。——原注

2　沃尔特·佩特（Walter Pater，1839—1894），英国文艺批评家，"为艺术而艺术"唯美主义运动的理论家和代表人物。

拉在诗中也使用过这个说法。

里德 但是 asombro 这种感觉你常常是针对颇为平常的事物而言。

博尔赫斯 也许你之所以这样理解这个词是由于当你说到 asombro 时，你想到的是 sombra（阴影），这就像你说到 amazement（诧异）时你想到的是 maze（迷宫）。但是 asombro 会让你同时想到阴影和某种不可知的东西。

科尔曼 博尔赫斯，我想请教一个你在自传性短篇小说之一《南方》中使用的词。在血缘上，你母亲那一方有勇敢的军人的背景，而你父亲这一方却是文墨之家。这两种血缘并不协调。当你谈到胡安·达尔曼[1]时，他也许是你自己，也许不是你，你说到——

博尔赫斯 嗯，我想他是。这是个机密，我想他

---

1 《南方》的主人公。

是。别再说了，行吗？

科尔曼 所以你能否谈谈 discordia（不协调）以及这种得自你身上两种血缘不相一致的奇妙的感觉？

博尔赫斯 我也许是一身两人。但如今我已不把这看作是不协调了。有一些血缘是主导性的。我想到我的英国人的祖先、葡萄牙人的祖先、西班牙人的祖先、犹太人的祖先，我想他们会同意他们之间从根本上讲是相互友善的。不过当然，他们代表着不同的东西。从我的阿根廷和乌拉圭背景出发，我想到许多军人，而从我的英国背景出发，我又想到卫理公会的牧师、哲学博士，我主要提到的是书籍。但如果从我母亲这边来讲，我想到的是刀剑、战斗，不是书。不过活了八十年，不协调也被磨得差不多了。与其把这看作不协调，我宁可视为差异互补。或许是多种血缘丰富了我。

科尔曼 所以到头来你并无不协调之感。

博尔赫斯　是的，我感谢我的多种血缘。

科尔曼　不知我是否还能再打搅你一个问题，是关于 sueño（睡梦）这个词。这个词无法翻译成英文，因为在英文中它兼有睡和梦两个意思。

博尔赫斯　不，不是在英语中，你是说在西班牙语中。

科尔曼　原谅我，谢谢你。

博尔赫斯　在英语中我们分别使用两个词，"睡"和"梦"，在西班牙语中我们只有 sueño。我们必须忍受这种表达方法。

科尔曼　你能稍微谈谈 sueño 这个词在你自己作品中的含义吗?

博尔赫斯　依我看这要根据上下文而定。它也许是 un sueño（一个梦），也许是 sueño（睡觉）。我对这

我总是把乐园想象为一座图书馆

个问题不甚了了——这是西班牙语语法。

里德　在你使用 sueño 这个词时，你是否总能肯定它指的是两个意思中的哪一个？

博尔赫斯　哦，我想我是像所有的诗人一样赋予了它一种模糊性。这样的话，西班牙语的这一贫乏之处反倒丰富了我。

里德　我有一个十分重要的问题是关于——

博尔赫斯　只有一个问题吗？

里德　暂时只有一个。

博尔赫斯　好，暂时只有一个。时间还早。

里德　这个问题是——

博尔赫斯　时间总是还早！

里德　这个问题源于你曾经说过的一句话，确实关键的一句话："我并不虚构小说，我创造事实。"

博尔赫斯　我想这句话是你送给我的一份礼物，我谢谢你。

里德　我们是否可以暂时假定你说过这话？

博尔赫斯　那好，如果我说过。

里德　是的，我想你很有可能说过。

博尔赫斯　谁知道呢？这话也许使我内疚。

里德　内疚？

博尔赫斯　不，不是内疚，但我不知道我是否说到做到了。

里德　你以为两者有什么不同？我并不虚构小说，

我创造事实。

博尔赫斯 依我看在事实与虚构之间没什么不同。

里德 今晚这倒是一个颇为激进的观点。

博尔赫斯 哦，不是唯我论的虚构，就是过去的事实。过去还不都是记忆？过去还不都是那变作了神话的记忆？

里德 但同时你又经常把你的虚构小说弄得模模糊糊，使人以为那是真事。在人们费了九牛二虎之力查阅你小说所涉及的事件后才发现：有两件是真事，而另外三件他们在哪儿也查不到。那么，你是不是有意这样做？你搞的是——

博尔赫斯 对。是我年轻时有意而为。如今我已经太老了，没精力搞这种游戏了。我希望把故事讲得简洁明了。我不再喜欢设文学圈套了。那一切都发生在很久以前，设这类圈套的是另一个人，他写了《皮埃尔·梅纳尔》却称之为《堂吉诃德》。

里德　改掉这个习惯恐怕不像你说的那么容易。我想你仍在有意让作品显得模模糊糊，使我们拿不准那是真事还是虚构的小说。我是说，我们真能肯定区别何在吗?

博尔赫斯　我们拿不准任何事。我们何必要对那些特殊的问题拿出肯定的看法? 我们生活在这样一个神秘的宇宙里，每一件事都是一个谜。

里德　也许它本身就够神秘了，用不着别人把它变得比它本身更神秘。

博尔赫斯　我当然并不真的相信自由意志，我没法不参与那种游戏。搞那种游戏和搞其他游戏是我命中注定的事。我想我的命运就是与文学打一辈子交道。从我还是个孩子起我就知道这将是我的命运。我读过柯勒律治、德·昆西，还有弥尔顿的传记。他们都知道他们的命运就是文学。而我一开始就知道这一点。

我总是把乐园想象为一座图书馆

245

我知道我命中注定要阅读，做梦，哦，也许还有写作，但这并非我非做不可的事。我总是把乐园想象为一座图书馆，而不是一座花园。（你们在我的一首诗中会找到这一行诗。）这意味着我始终在做梦。

里德　你是说这行诗出自《馈赠之诗》？

博尔赫斯　对，正是。

里德　你把乐园看作一座图书馆？

博尔赫斯　而当我进入那座图书馆时我却瞎了。

里德　这是那首诗的反讽。

博尔赫斯　不是那首诗的反讽，而是"上帝的反讽"，"上帝的反讽"。[1]

1　"上帝的反讽"出自《馈赠之诗》。——原注

科尔曼 我能否请你谈谈文学的体裁？你使用过许多体裁。你是个文学全才，诗歌，随笔，小说，无所不能。

博尔赫斯 "文学全才"（all-round literary man）。这话出自斯蒂文森之口。

科尔曼 而我不知——

博尔赫斯 我热爱他。说吧。

科尔曼 你能否告诉我们你为什么热爱罗伯特·路易斯·斯蒂文森？对你来讲他并不仅仅是《金银岛》的作者。这其中原因何在？

博尔赫斯 我并不觉得非得给斯蒂文森一个解释。如果你对斯蒂文森麻木，那么你肯定出了什么毛病。我记得安杰勒斯·西莱修斯的一行诗。我正与玛丽亚·儿玉一起翻译他的作品。安杰勒斯·西莱修斯，这位十七世纪的德国神秘主义者写道："Die Ros'ist ohn' warum,/sie blühet weil sie blübet."（玫瑰无因由，／花开即花开。）[1] 依我看斯蒂文森也无因由。此外，何必要解释斯蒂文森？对我来说，记住一些他的诗句就足够了，没有必要解释：

> 在广阔的星空下面，
> 挖座坟墓让我安眠。
> 我乐于生也乐于死，
> 我的死是出于自愿。[2]

瞧，这就足够了。如果这还不能让你了解斯蒂文森，那么没什么能让你了解他。他最好的一本书相对而言并不太出名，因为这本书是他与他的继子合写的，即小说《打捞船》。他另一部我很喜欢的作品是《落潮》。这本书也是他与劳埃德·奥斯本合作的产物。

科尔曼 我忽然想到今晚在座的许多朋友还不清

1　博尔赫斯曾在讲座《七夜》中称，诗歌的精髓可以用安杰勒斯的这行短诗概括。

2　斯蒂文森，《安魂曲》（"Requiem"），第 1—4 行。——原注

楚你对马克·吐温的由衷钦佩和热爱。

博尔赫斯 原因很简单。我读了《哈克贝利·芬历险记》，这就应该足够了，而且不仅是足够。

科尔曼 但你能否谈谈北美文学是如何影响你的写作生涯的？

博尔赫斯 我想北美文学影响了全世界，影响了所有的文学。文学史上如果没有两个人，埃德加·爱伦·坡和沃尔特·惠特曼，那么今天的文学就不会成其为现在这个样子。你还可以加上马克·吐温、爱默生、梭罗、梅尔维尔、艾米莉·狄金森、霍桑，等等等等。这一行列中也不能没有罗伯特·弗罗斯特。北美作家影响了整个世界，或者说至少影响了整个文学世界。你无法忽略他们，他们矗立在那儿。

科尔曼 但就西班牙文学和西班牙语美洲文学而言，你的说法似乎欠妥，北美文学影响甚微，对于——

博尔赫斯 有影响。对不起，咱们看法不同。当你想到 modernismo（现代主义）时，你不会不想到雨果、魏尔伦，也不会忘掉埃德加·爱伦·坡。而埃德加·爱伦·坡是通过法国影响到我们的，尽管我们都是美洲人。我以为埃德加·爱伦·坡不容忽略，不容排斥。你可以喜欢或不喜欢他的作品，但他的影响不容抹杀。他施惠于波德莱尔，而波德莱尔又施惠于马拉美，不一而足。

科尔曼 大家都知道你喜欢侦探小说……

博尔赫斯 瞧，这种小说就是坡发明的。他整个创造了侦探小说。他创造了一个相当奇特的人群：侦探小说的读者。我们也被埃德加·爱伦·坡所创造。这是位璀璨的梦想家、悲哀的梦想家、悲剧性的梦想家。

科尔曼 刚才我提到的那个问题，对不起，有点儿走题，现在我要言归正传……

博尔赫斯 我总是走题。正因为如此你们才来到这里。

科尔曼 人们常说，写诗，写随笔，写小说对你而言没多大区别，它们合成了博尔赫斯的文学。我的问题是，同样的冲动何以会产生一首诗，或一篇随笔，或一篇小说。或者也许三者都产生？

博尔赫斯 我意识到一个情节。我有了开头和结尾，东西就这么写出来。那情节也许促成一首诗，也许促成一首十四行诗，这中间我想并没有什么根本差别。根本差别取决于读者而不是作者。例如，如果你读一页散文，你便希望读到（或者害怕读到）一些讯息或论证。但如果纸上印的是一首诗，你便希望读到（而且或许也能获得）情感、激情，等等。但是依我看，除了斯蒂文森所认为的写作难易的不同，它们之间本质上并无区别。许多民族的文学中从未出现过散文作品。我想盎格鲁－撒克逊人就不写散文，但他们写下了强有力的诗篇。至少就我的历史知识所限，诗歌创作一向先于散文创作。其原因据斯蒂文森讲，是一旦你掌握了一种形式，姑且说诗歌的形式，你就只想重复这种形式。这种形式或者是北欧人和撒克逊人的诗歌头韵，或者是一种诗歌尾韵，或者是一种有长短音节的问话形式，或者是六韵步诗体，一旦你掌握了一种形式，你就只想去重复它。但散文写作则不同，它要求时时变化，变得使读者愉快，这要困难得多。

里德 容我补充一点。我发现这些年里你谈话中所表现出的对诗歌的尊重远远胜过对散文的尊重。你对诗歌有一种彻底的尊重，似乎它比散文要高出不知多少倍。

博尔赫斯 我想你说得对。

里德 然而我吃惊地发现，在你的实际写作中，你的散文和诗歌所传达出的东西并无巨大的不同之处。

博尔赫斯 我个人认为我的诗歌——其质量不过尔尔——要比我的散文写得好。但我的朋友们告诉我我的看法不对。如果他们是诗人，他们就说我入侵了诗歌；如果他们写散文，他们也说我是个入侵者。我不知道。也许——

里德　我想你是愚弄了散文与诗歌的区别。

博尔赫斯　对，我觉得两者之间没什么本质的区别。

里德　我也这么觉得。

博尔赫斯　我想咱们两人都对。咱们应该很高兴。

里德　你总是引用斯蒂文森、切斯特顿和吉卜林的话，偶尔也承认德·昆西、托马斯·布朗的话有理。

博尔赫斯　不，不，我希望不是偶尔。

里德　好吧，好吧。

博尔赫斯　还有约翰生博士，谢谢你。

里德　但我想你心中最接近的作家是柯勒律治。

博尔赫斯　柯勒律治，对。

我总是把乐园想象为一座图书馆

里德　尽管你不曾大写或大谈过柯勒律治，但在我看来，你是柯勒律治再生，你是否也有同感？

　　博尔赫斯　非常感谢你这么说。我希望我是柯勒律治。不过柯勒律治只写过三首诗，真的。他写了《忽必烈汗》，他写了《克里斯塔贝尔》和《古舟子咏》。还有《沮丧颂》，仅此而已。他的其他作品尽管忘掉好了。

　　里德　可是他的散文作品也一定对你产生过重大影响。

　　博尔赫斯　是的，有影响。但我不知是柯勒律治的散文影响了我，还是柯勒律治通过德·昆西作用于我。德·昆西具有同样的音乐性。我确实觉得，当我欣赏德·昆西，陶醉于德·昆西时，我实际上欣赏的是柯勒律治。

　　里德　被转化过的。

博尔赫斯 对，被转化成了辉煌的梦魇。

科尔曼 刚才我们在饭桌上谈到约翰生博士致以奥希安作品而知名的麦克弗森[1]的信，而你颇为强烈地感到欧洲浪漫主义文学肇始于一个苏格兰人，一个骗子。

博尔赫斯 我并不认为他是个骗子，我认为他是一位伟大的诗人。可他希望他的诗歌不属于他自己，而属于他的国家。所以他的确是一位伟大的诗人，一位相当重要的诗人。我认为浪漫主义运动，整个一切，我很高兴地说，开始于十八世纪的苏格兰。

里德 但愿我能同意你的看法。

博尔赫斯 你不太肯定。

---

1 詹姆斯·麦克弗森（James Macpherson，1736—1796），苏格兰诗人。著有史诗《芬格尔》和《特莫拉》，尤以意译爱尔兰传说中诗圣奥希安（Ossian）的作品而知名于欧洲，对浪漫主义文学运动产生了影响。但后来人们发现，他所"意译"的奥希安作品，都是他自己基于盖尔人神话创作而成。

我总是把乐园想象为一座图书馆

里德　我不太肯定。

科尔曼　以你之见，约翰生为什么会在他的信中那样斥责麦克弗森？

博尔赫斯　对不起，我想真正的原因在于，约翰生感到他整个的文体，他整个的诗歌宗教都受到了某种新生事物的威胁。他肯定感到"奥希安"的问世是一种威胁，正如丁尼生认为沃尔特·惠特曼是一种威胁一样——某种新生的东西，某种不同的东西，某种让人不能完全弄懂的东西出现了，他们三人都感到恐惧。我记得曾有人问过丁尼生："你对沃尔特·惠特曼怎么看？"丁尼生回答说："我注意到了沃尔特·惠特曼，我把他看作大洋中的一个浪头。不，先生，我对沃尔特·惠特曼没什么看法。"他知道他评论不起惠特曼。他们都太危险了。我想约翰逊说那些话是出于恐惧，丁尼生的话也出于同样的心理。他知道一种新生事物诞生了，而整个格局行将崩溃。

科尔曼　我意识到任何作者都威胁不到你。

博尔赫斯　是的，我尽量视所有的作者为我的朋友。有时我也失败，也遭受挫折，但我依然如故。我尽量从每一本我读到的书中汲取欢乐。我努力与我手中的书本认同。

科尔曼　在 1924 至 1925 年间你出版过一本文集，名为《判决》。

博尔赫斯　一本讨厌的书，是的。

里德　啊，可是慢点儿。

博尔赫斯　何必要想起它来？

里德　但我现在还是要提它一句。给我几秒钟。

博尔赫斯　我只记得这本书不怎样，封面是绿色的。

里德　但其中有几篇文章论述到克维多、乌纳穆诺[1]和托马斯·布朗爵士。这本书你现在不许它再版。

博尔赫斯 有些观点不错但写得不好。我对乌纳穆诺或雨果或托马斯·布朗爵士略无微词，但我写出的东西全属胡说八道，只是胡说八道而已。

科尔曼 所以你就想埋葬那些书，忘掉了事？不让它们在任何情况下再版？

博尔赫斯 出版《全集》的真正原因，就是将两本书清除：《判决》和另一本书，cuyo nombre no quiero acoordarme[2]，清除这两本书乃是真正的原因所在。

科尔曼 这就是我的疑问。我想从你这儿得到对

---

1 米盖尔·德·乌纳穆诺（Miguel de Unamuno，1864—1936），西班牙哲学家、学者、诗人、小说家。

2 意为"它的名字我不愿提了"，这句话套用的是《堂吉诃德》第一章第一句话："有位绅士住在拉·曼却的一个村上，村名我不愿提了。"——原注

这两本书的看法，好弄明白它们为什么被排除在《全集》之外。

博尔赫斯 哦，它们的风格很荒唐，是一种巴洛克风格。我年轻时迷信巴洛克风格。我努力模仿托马斯·布朗爵士，模仿卢贡内斯，模仿克维多，模仿其他人。但如今我满足于做谦卑的自己，如果"自己"存在的话，做我个人，如果"个人"存在的话。

科尔曼 如果你开始时是巴洛克风格的作家，那么后来你又如何变成了经典型作家？

博尔赫斯 我开始时是巴洛克风格，正如所有的年轻人一样，那是出于胆怯。一个年轻人想：我就写这个。但是后来他又想：啊，这东西微不足道，我得把它藏起来。于是他便藏起了他那些巴洛克式的作品。那实在是一种羞羞答答的写作方式，也许过分羞羞答答了。

科尔曼 所以你变得更大胆更平易。

博尔赫斯　是的，现在我敢作敢为，我写得直截了当，不用一个劳神读者去翻字典的词，并避免使用烈性的隐喻。

里德　我们想问你一个实际的问题。

博尔赫斯　我不知我能否回答得了一个实际的问题。我是一个不实际的人。

里德　我很奇怪——比如最近这段时间——你开始没完没了地出门旅行。而大多数人认为在生命的这个阶段，他们应该待在家里。

博尔赫斯　倘若我待在家里，我就得一遍遍地重复同一天的生活；而当我旅行时，一天就与另一天不同了。每天都使我有所受益。所以我喜欢旅行之类的活动。但倘若我闭门不出，一切便颇为单调。每一天都是映照头一天的镜子。

里德　我记得在布宜诺斯艾利斯时你曾对我说过，

报纸导致遗忘，因此报纸得天天出。

博尔赫斯　报纸指向遗忘，而书……

里德　对了，书却有更高的目标。

博尔赫斯　书籍挣扎着传之久远，其中有些书做不到这一点。

里德　在谈到别的作家时，你提到的大量作家几乎都是英国和美国作家，至少到目前是如此。这是否只因为你是对说英语的听众谈话？你认为你自己是位"英语"作家吗？或者说民族问题是否灌注到了你的作品当中？你在文学中或在你自己的写作中，是否考虑民族地域性？

博尔赫斯　我对民族性没兴趣。这是个迷信。

里德　你认为这是个迷信吗？

博尔赫斯 至于说到英语文学，我觉得它就是文学。但我这话并不诋毁其他语言的文学。我还同时十分热爱德语和德语文学，我还热爱法国文学，虽然我不喜欢法语。当然我应当把视野扩大到所有的英语文学。如果我想到《圣经》，我想起的就是詹姆斯王钦定本《圣经》。当我想到《一千零一夜》，我想起的是雷恩和伯顿的译文。

里德 在你阅读原文《堂吉诃德》之前，你首先阅读的是英译本，此事当真？

博尔赫斯 不是真的。但你可以这样引用，如何？

里德 这隐喻倒是很有用。你总是对我说起你藏有并阅读过一个英译本。

博尔赫斯 不，我想我说的是但丁的《神曲》，由朗费罗[1]译成英文。《神曲》我最先读的是英译本。

科尔曼 博尔赫斯，你已经谈了你欣赏的男作家，你对女作家怎么看？你能否鉴定一下那些对文学做出了卓具意义的贡献的女作家？

博尔赫斯 我想我只能限于说到一个人，艾米莉·狄金森。

科尔曼 真的吗？

博尔赫斯 真的。她的诗短小而亲切。

里德 我觉得无论如何应该说还有别人。

博尔赫斯 那当然，比如还有希尔瓦娜·奥坎波，她目前正在布宜诺斯艾利斯翻译着艾米莉·狄金森……

---

1 亨利·华兹华斯·朗费罗（Henry Wadsworth Longfellow，1807—1882），美国诗人。

科尔曼　倘若你用英文写作，你写出的东西会有什么不同？

博尔赫斯　我太尊重英语了。我读的绝大部分书是英文书。我不知道如果我用英语写作结果会有什么大的不同。

科尔曼　你曾经说过——对不起我要重复一句你大概不想重复的话——但你确实说过："我真愿生为一个英国人。"我记得你说过这话。

博尔赫斯　但从某种意义上讲，我是生为一个英国人，因为在家里我说英语和西班牙语。所以说我是生为一个英国人。尽管我的英语口语也许不那么生动，但我的阅读能力还是满强的。

科尔曼　也许我的问题太直率了，不知我是否可以稍微为难你一下。你的散文风格在西班牙语文学中独一无二，你觉得——

博尔赫斯　不过果真如此吗?

科尔曼　是的。

博尔赫斯　我怀疑。

科尔曼　有些所谓的双语作家说:"有时我用一种语言思考,然后我用另一种语言把它写出来。"

博尔赫斯　我总是这样来使用拉丁文。人们一直在努力用不同的语言来写拉丁文。比如托马斯·布朗爵士,比如克维多,他们都是用英语或西班牙语写拉丁文。

里德　我想在此稍稍打断一下,请你给我们讲讲那个芝加哥出租车司机的故事,那天他对你都说了些什么?

博尔赫斯　出租车司机。

我总是把乐园想象为一座图书馆

里德　是啊，出租车司机。

博尔赫斯　那是前天或昨天，我记不清了。我日子过得总是稀里糊涂。他当过兵。他吃过苦。他经历过不幸。那天他忽然说了句他自己也不会明白到底是什么意思的话："我痛恨记忆。"我觉得这话说得很好。我想我不会忘掉它，我要用它。我要把这句话据为己有。"我痛恨记忆。"这句话说得挺漂亮。逃避世界，忘记世界。

科尔曼　你说过你乐于发现自己是个犹太人。这为什么？

博尔赫斯　依我看我有一部分是犹太人。这并非由于我的先辈中有叫阿塞维多或皮奈多的，而仅仅是因为世上最基本、最根本的书之一，《圣经》。我是在《圣经》的哺育下长大的。我要说我们所有的人，我们所有的西方人都是希腊人和犹太人——我这样说并非就家谱和血统而言。希腊民族和以色列民族是两个基本的民族。罗马毕竟是希腊的扩展。

科尔曼　博尔赫斯，现在有人读书给你听。你读书实际上是听书。在我看来，你谈到的大多数书籍都来自你父亲的藏书室，那是你童年时代的乐园。

博尔赫斯　我总是重温我读过的旧书而不大阅读新东西。

科尔曼　你是重温你记忆中的书呢还是让人把它们读给你听？

博尔赫斯　我要说两种情况都有。我记忆中充满了引文，这一点你们再清楚不过了。但也有时，好朋友到来，我们便抽出一本书读开来，通常是康拉德、斯蒂文森、吉卜林的著作。

科尔曼　有这样一件事：我听说格雷厄姆·格林[1]在布宜诺斯艾利斯时曾去看过你。格雷厄姆·格林对

---

[1]　格雷厄姆·格林（Graham Greene，1904—1991），英国小说家、剧作家、文艺批评家。

你说到斯蒂文森的诗歌……

博尔赫斯 我想不是他去看我，他这么个大人物不必这样做，我想是我去看的他。

科尔曼 姑且说在这件事中是你去看了他。但是格林回忆说你们谈到斯蒂文森。格林说斯蒂文森写过一首伟大的诗，但并没有说出是哪首诗，可这时你就把那首诗背了出来。

博尔赫斯 我想应该是《安魂曲》，我不敢肯定。也许是《泰孔德罗加》。他写过太多好诗了，其中每一首都是他最好的作品。他获得了完美。

里德 你是否希望将来会出现一种融合的语言，比如可能会出现盎格鲁 – 西班牙语？

博尔赫斯 不，但愿不会出现。我希望两种语言都能保持住它们的纯洁性，我根本没想到过语言的融合。

里德 我昨天刚从波多黎各回来。我可以证明那里正进行着这种融合。但两种语言肯定不会相互丰富，它们只会相互危害，这有事实为证。在你自己变换语言时你自己是否意识到？比如今晚在餐桌上你就变换过好几次，我觉得你没有意识到。

博尔赫斯 没有，我从来意识不到。我在两种语言之间跳来跳去。

里德 始终如此。

博尔赫斯 是的。在家里我两种语言都说。

里德 你当然没读过埃米尔·罗德里格斯·蒙涅格尔（Emir Rodríguez Monegal）写的你的传记。这本书中使我着迷的是——

博尔赫斯 不，我没读过这本书。我对书的主题没什么兴趣。

我总是把乐园想象为一座图书馆

里德 对，你对这书的主题没什么兴趣——不过，你父亲与英语有着不解之缘而你母亲与西班牙语相亲相爱，这是真的吗？

博尔赫斯 是真的。我父亲总是对我说英语。

里德 他果真这样？

博尔赫斯 在我父亲于 1938 年去世以后，我母亲开始学英语以便更接近他。

里德 我明白了。

博尔赫斯 后来她还翻译过英语作家赫伯特·里德[1]和萨洛扬[2]的作品。

里德 她独自翻译？

1　赫伯特·里德（Herbert Reed, 1893—1968），英国诗人，文艺评论家。

2　威廉·萨洛扬（William Saroyan, 1908—1981），美国小说家。

博尔赫斯 她是独自翻译，对，她还译过弗吉尼亚·伍尔夫和其他人的作品。

里德 但是你曾经对英语和西班牙语做过一个比较，你说英语是图书馆用语而西班牙语是家庭用语，家庭实际生活用语。

博尔赫斯 依我看是这样。我以为英语很有质感，比西班牙语的质感要强得多，比如 pick yourself up（你自己爬起来）这么个短语就是如此。

里德 你父亲从不对你说西班牙语吗?

博尔赫斯 啊，他说。他当然使用两种语言。但是我知道我必须用某种方式对我外祖母说话，而用另一种方式对我祖母说话。后来我发现这两种说话的方式叫作西班牙语和英语。这很自然。

里德 所以在一段时间里你就把这看作不同的说话方式。

博尔赫斯　对不同的人说不同的话。

里德　所以说语言之于人大于语言之于语言本身。

博尔赫斯　是的，一个孩子并不知道他说的是什么语。如果你告诉一个孩子他说的是中文，他就会相信。

里德　他不需要知道。

博尔赫斯　不需要。他是接受者。

里德　所以你并不觉得所谓"西班牙英语"（Spanglish）会有什么光辉的未来。

博尔赫斯　对！

科尔曼　博尔赫斯，你父亲写过一部长篇小说，只有极少人读过。你能跟我们谈谈这部小说吗？它大概是在马略卡（Majorca）出版的，对不对？

博尔赫斯　我记得是在马略卡出版的。他让我重写这本书。他还告诉我哪些章节需要重写。我想试试。小说写得不错。

科尔曼　你为什么现在还不重写？这是你的志向之一吗？

博尔赫斯　过十来天我就要重写这本书。但是在这里，在美国，我写不了。

科尔曼　你能给我们讲讲这部小说吗？你还能清楚地记得它吗？因为你父亲总是想让你成为一名作家。没有人会按照一个作家的标准来要求他。他写东西，但是……

博尔赫斯　他写过一些相当出色的十四行诗。他还写过一本复活节短篇小说集，写过一个剧本，一本随笔集，但后来他把它们都毁掉了。至于那本长篇小说，你们再等上一年半载就会知道一切。我不能把情节告诉你们。

我总是把乐园想象为一座图书馆

科尔曼　你是说你要重写这部小说。

博尔赫斯　是的，我要按照他的想法，而不是我自己的路数重写这部小说。我想挽救下这部书，这部关于十九世纪我国内战的历史小说。

科尔曼　大多数儿童都不是一生下来就被指导着去当一个作家。

博尔赫斯　但我不知道是否有人指导过我。我想我是有所感觉。

科尔曼　你感觉到了？

博尔赫斯　是的。

里德　就像有人描述的那样，是一种默契。

博尔赫斯　对，是默契。对，默契这个词很对。

里德　这与任何人无关。

博尔赫斯　对，这是宇宙的安排，命运的决定。

里德　你作为一种必然接受了它。

博尔赫斯　是的。但与此同时我也心怀感激。

里德　当你意识到你要当个作家时你是不是吓了一跳？

博尔赫斯　正相反，我对此感到十分高兴。我父亲说："尽量多读书。非写不可时再写。最重要的是，不要急于发表。"

里德　关于他的第一本书，有一回博尔赫斯给我讲过一个令人称奇的故事。[1]

1　此处里德似乎在向听众或另一位主持人科尔曼说话。

博尔赫斯　故事发生在布宜诺斯艾利斯。

里德　不是，是在那之前，你的书卖掉了 75 本。

博尔赫斯　谁知道卖没卖到 75 本。你有点儿夸张了。

里德　博尔赫斯说由于他的第一本书只卖掉 75 本，所以他感到这本书依然在他的控制之下，因为他可以亲自跑到那些买了这本书的人家向他们道歉，讨回此书，并且保证下一本书会比这一本好。但在他的第二本书卖掉 750 本以后，他说公众就已然变得抽象了，他的作品不再能受他的摆布。如今你的书卖到 7500 册以后你有什么感觉？

博尔赫斯　我觉得我是被非常宽容大量的人们所包围着。当然他们搞错了，但我有什么办法呢？

里德　博尔赫斯，你是否有时想到过，你的"谦逊"就像是随身携带着一根大棒？

博尔赫斯 对不起，我很抱歉。我不是在利用谦逊，我是真的这样认为。

里德 这只是一种观察，博尔赫斯，请原谅我。

博尔赫斯 不必！咱们彼此了解。

里德 尽管如此，为了证实我说话粗鲁，我必须——

博尔赫斯 不必这样！

里德 我必须讲个故事。有一次我在苏格兰与你相见，我们开车回来时你问我最近在干什么，我说我写了一些诗。你稍微沉吟了一下说："我也写了一些韵文。"

博尔赫斯 一些诗行，是诗行，不是韵文。

里德 一些诗行，是这么说的。谦逊到了极点，

我总是把乐园想象为一座图书馆

277

使我感到有点儿……

博尔赫斯　尴尬。

里德　有点儿尴尬。

博尔赫斯　对不起，我很抱歉。

里德　你曾不止一次地提到，超现实主义所产生的艺术与文学，既无价值也没有趣。你甚至不屑地拿它与表现主义相比较。

博尔赫斯　那还用说！

里德　你能否再深入解释一下这种看法？

博尔赫斯　我认为两者之间存在着巨大的差别。比如表现主义者们都是些神秘主义者，而超现实主义者们只想使读者产生新奇之感。我认为表现主义曾经是举足轻重的，他们的绘画也是如此。康定斯基[1]、马克·夏加尔[2]、贝克曼[3]，他们都是诗人。还有——这是我的个人偏见——我热爱德国，我不大喜欢法国。当然不是指法国文学，而是指法语，因为我非常钦佩法国文学。这种语言有点儿小里小气，有点儿琐碎。作为一个好的阿根廷人，我不该说这些话。但我的确是这样感觉的。也许是我的英文背景在作怪。[4]

里德 你是否常常发现某些语种比另一些语种更适合于你？

博尔赫斯 我希望我能掌握英语，或掌握德语，或掌握拉丁文。为此我怀疑我是否已经掌握了西班牙语。也许我是把这些语言搅混在一起了。

---

1 瓦西里·康定斯基（Wassily Kandinsky，1866—1944），俄国画家，后迁居德国。

2 马克·夏加尔（Marc Chagall，1887—1985），俄裔法国画家。

3 马克斯·贝克曼（Max Beckmann，1884—1950），德国画家，后迁居美国。

4 英语、德语同属日耳曼语族，而法语则属于拉丁语族。但阿根廷人说西班牙语，而西班牙语与法语同属一个语族，故博尔赫斯有歉语。

科尔曼 我能否向博尔赫斯讨教一下表现主义电影？还有早期电影，以及你记得的电影。

博尔赫斯 我不知它们算不算表现主义。我想到的是约瑟夫·冯·斯特恩伯格导演的一些片子，如《大地》《摊牌》《天罗地网》。我记得这些片子我曾反复看过好多遍。还有奥逊·威尔斯的《公民凯恩》。这部影片我也看过好多遍。

科尔曼 我想你大概曾在某处说过，《西区故事》你前后看了十七遍。这是真的？

博尔赫斯 这部片子我也许看过十六遍，要不就是三四遍，还有《波吉和贝丝》。

科尔曼 你能否告诉我们，在斯特恩伯格或爱森斯坦导演的电影中，是什么东西吸引了你？什么技巧吸引了你？这些技巧或许同你的写作还有些关联。

博尔赫斯 我对爱森斯坦从未想过许多。我崇拜约瑟夫·冯·斯特恩伯格。我认为他是鹤立鸡群的导演。在斯特恩伯格导演的电影中我最喜欢的是他的简洁。我们可以说，他用三个画面、三个形象就能为你勾画出一次谋杀。我喜欢他那种在我看来与塞内加相似的风格。

科尔曼　是叙述的简洁。

博尔赫斯　对，正是。我尽力磨炼这种本事。我孜孜不倦地向斯特恩伯格学习。我写过一篇名噪一时的小说《玫瑰色街角的人》。我尽量模仿约瑟夫·冯·斯特恩伯格，也模仿切斯特顿。

科尔曼　但是别的美国电影如何，博尔赫斯，那些美国经典影片？

博尔赫斯　我一直喜欢西部片，特别是 *La hora señalada*。

科尔曼　《正午》？

博尔赫斯　对，《正午》，对。这部片子相当出色，里面有些史诗的味道。

科尔曼　你怎么看鲍嘉的电影？

博尔赫斯　我记得他的片子，但有些模糊了。我主要想到的是乔治·班克洛夫特或称威廉·鲍威尔，还有弗莱德·科勒这些歹徒，这些演歹徒的演员。

科尔曼　对了，为什么你的小说中有那么多歹徒和坏蛋？很显然你喜欢在电影中看到他们，而你的小说中当然有许多凶手。但你看上去并不是个狂暴的人。

博尔赫斯　是呵，我当然不是个狂暴的人，但我认识些暴徒。

科尔曼　你说你认识些暴徒，这话怎么讲？

博尔赫斯　嗯，我有个朋友是凶手，一个讨人喜欢的小伙子。

科尔曼　你怎么看布宜诺斯艾利斯的那些德国崇拜者？

博尔赫斯　就我所记，他们索然无味。

科尔曼　那些1941年的希特勒的崇拜者，他们是些什么人？

博尔赫斯　他们是些民族主义者。他们是些天主教教徒。我既不理解天主教教义也不理解民族主义。我对这类东西一无所知。我也不想知道他们的任何事。他们对我颇为仇恨。但何必谈这个呢？

科尔曼　到此为止，我们到此为止。

里德　可是还有个问题。贯穿你作品的英雄人物中有些是布宜诺斯艾利斯城里玩刀子的人，而你实际上还认识他们。你曾和他们说过话吗？

博尔赫斯　说过。

里德　那些动刀子斗殴的人。那么这意味着在布宜诺斯艾利斯有一个我们称之为"钢枪法则"或者我们称之为"匕首法则"通行的地方。

博尔赫斯　对。但和这儿不太一样，因为你必须勇敢。

里德　还得高尚，对吗?

博尔赫斯　你可以从远处向一个人开枪。要是动刀子就不能这样。你得向他挑战，然后你得选好你的武器，准备开战。

里德　那么这就是决斗，就像真刀真枪的决斗。

博尔赫斯　不，这还不是决斗。要是决斗你还得事先为此做安排。

里德　在你的生活中，你真认识这类人物吗?

博尔赫斯　至少认识一位。在纽约，怎么能忘了堂·尼古拉·帕瑞兹的名字呢？他过去是我的朋友。

科尔曼　那些 naipes de tahur（赌徒的纸牌）。

博尔赫斯　这个说法使我怦然心动。呵，tahur 是个好词。

科尔曼　它的意思是"赌徒"，对吗？有一个很无聊的问题，作家们常常会被问到，但我希望你不会介意我的提问。问题是：你的工作方法是什么？作为作家你怎样工作？你口授文字。

博尔赫斯　是的，但我的工作不分白天黑夜。我整天地构思诗歌或故事，到了夜里我就做梦，这与构思是一回事。然后等有人来时我就会向他们口授一节诗或一页故事。

科尔曼　不过。博尔赫斯，在你起草稿时，你是写出，姑且说，整个一段，还是一行一行地写下去？你还记得你怎样搞创作吗？

博尔赫斯　我一开始的工作方法不对。

科尔曼　什么方法?

博尔赫斯　错误的方法是写出第一段就进行修改，然后再写出第二段。但这使得整个作品写得破破碎碎。我想真正好的写法是尽量一口气写下去，然后再修改。不应当修改完一句，然后再草草地写出下一句。你应该将整个作品的草稿一气呵成。

里德　博尔赫斯，当今作家管这叫"呕吐"。

博尔赫斯　对，说得对。

科尔曼　不，请用意大利语说，al fresco。

博尔赫斯　我要用盎格鲁－撒克逊语，管这叫 retching。

10

噩梦，这梦之虎

印第安纳大学，
1980 年 4 月

我时常为噩梦所困扰。我感到，
如果我是位神学家——幸亏我不
是——我就会找到赞美地狱的理
由……噩梦会使人产生一种特殊
的恐惧。噩梦，这梦之虎。

巴恩斯通　在我们相识的这些年里，我们所谈无一例外都是诗歌。

博尔赫斯　是的，这的确是唯一的话题。

巴恩斯通　几天前，咱们在纽约乘飞机，你问我这是哪家公司的飞机，我说这是 TWA 的飞机。你问 TWA 怎么讲，我说就是环球航空公司（Trans World Airlines）。还记得你是怎么说的吗？

博尔赫斯　记得。我说这意思应该是"沃尔特·惠特曼环球航行"（Walt Whitman Trans World）。他会喜欢这种说法。

巴恩斯通　你对这位环球飞行的先驱怎么看？

博尔赫斯　我想我现在要说的话都写在我很久以前

的一篇文章里了。[1] 很多人忘记了这样一个事实，即惠特曼把《草叶集》当作一部史诗，而不是一组短诗。历史上出现过许多部史诗，史诗中总有一位核心人物，Arma Virumaque canō，我的意思是你总有一个"大于生活的人物"，比如，你有尤利西斯，你有贝奥武夫，你有罗兰[2]。但是当沃尔特·惠特曼想到要写一部史诗时，他想的是：这应该是一部关于民主的史诗，所以我不能有一个中心人物。他在一首诗中说道："有些画家画出人群，又在人群中画上一位头戴光环的人。但我要我画中所有的形象、所有的人都头戴光环。"于是他便有了一个非比寻常的打算。尽管人们模仿他或尽量模仿他，但是看来尚无人指出过他的这一打算。沃尔特·惠特曼并未模仿他自己的创作方法，而是使其方法有所成就。我想到那些很重要的诗人，比如卡尔·桑德堡、巴勃罗·聂鲁达、埃德加·李·马斯特斯。既然惠特曼要

1　《沃尔特·惠特曼札记》（"Nota sobre Walt Whitman"），《讨论集》（1932）。——原注
2　法国民族史诗《罗兰之歌》中的主人公。

写一部关于民主的史诗，他便创造了一个形象，而这形象是一个奇特的三位一体。不过很多人误以为这个形象就是作者本人，其实不然。一开始沃尔特·惠特曼想到的是他自己的生活，他想到他生于长岛，可他又觉得这还远远不够：我的出生地应该是整个美洲。于是他创造了一个异常奇特的人物，沃尔特·惠特曼，不是那本书的作者惠特曼，也不是写过一本醉汉小说的布鲁克林记者——我认为他写过赞成奴隶制的小册子。但在这里他做了一次危险的实验，就我所知这是所有文学中最危险也是最成功的一次实验。实验如下：中心人物以作者的名字"沃尔特·惠特曼"命名。但他首先是作为人的惠特曼，一个满腹忧怨的人，写出了《草叶集》这部作品。其次是这个惠特曼的展开或者说质变，根本不再是真实的惠特曼，或者起码不是他同时代人所认识的那个惠特曼，而是一位神圣的流浪汉。而此人正是那真正的"沃尔特·惠特曼，一个宇宙，曼哈顿的儿子，／粗暴，肥壮，好逸乐，吃着，喝着，生殖着"。[1] 从他

---

1 《自我之歌》（"Song of Myself"），第 24 节，第 497—498 行。——原注

的传记我们了解到，这一切都不是实情。我们发现惠特曼（而不是沃尔特·惠特曼）并非一帆风顺。最后，既然是三位一体——因为他想的就是三位一体——他把第三者引入诗歌，而这第三者就是读者。

所以沃尔特·惠特曼是由作为人的惠特曼、作为神话的惠特曼和作为读者的惠特曼这三者化合而成。他之所以还要考虑到读者是由于他认为读者也是书中的英雄，也是这幅画中的核心人物。所以读者问他："你看到了什么，沃尔特·惠特曼？你听到了什么，沃尔特·惠特曼？"惠特曼回答道："我听到了美洲。"或者比如——我是个阿根廷人，所以我选择了这样一个特殊的例子：

> 我看到加乌乔穿过平原，
> 我看到这无与伦比的骑马者怀抱套索，
> 我看到为了野牛的皮他在潘帕斯草原上追赶着它们。[1]

---

1 《向世界致敬》（"Salut Au Monde"），第 122—123 行。惠特曼原诗中写的不是加乌乔（gaucho），而是伐卓人（Wacho），得克萨斯州的喀多印第安人的一支。——原注

噩梦，这梦之虎

"无与伦比的骑马者"（the incomparable rider of horses），当然来自《伊利亚特》的最后一行："赫克托尔，驯马者"（Hector, tamer of horses）。既然惠特曼写到了"the incomparable rider"，他便别无选择，只能写下"rider of horses"，这赋予诗句特殊的力量。

所以我们有了这一非常奇异的人物：第一层是惠特曼，辞典中记有其已被忘记的生卒年月，他死于卡姆登。第二层是展开的惠特曼。此外还有读者。而读者的存在则代表了未来所有的读者，他认为他们就是整个美洲的人民。他不知道他将举世闻名。他从未这样想过。他想到的只是美洲和美洲的民主。

有时惠特曼也提到些他个人的事，但由于他想做每一个人，所以他说了以往任何诗人都从未说过的话。我记得诗是这样写的：

这真是各个时代各个地方所有人的思想，它们并非源于我，

如果这些思想不是像属于我一样属于你们，那么它们就一钱不值或几乎如此，

如果它们不是谜语或谜底的揭示，那么它们就一

钱不值，

如果它们不是像近在咫尺一样又远在天边，那么
它们就一钱不值。

这便是凡有陆地和水的地方皆有青草生长，

这便是浸浴着地球的普遍存在的大气。[1]

其他诗人，比如埃德加·爱伦·坡或者他的信徒之
一波德莱尔，都曾努力要说出不寻常的话，想出语惊
人。诗人们至今依然在玩着这种游戏。但是惠特曼早
已遥遥走在了前面。惠特曼把他的思想当作"各个时
代各个地方所有人的思想"，"它们并非源于我"。他
想做别人，他想成为所有的人。他甚至把自己看成一
个泛神论者，只是这个世界颇为自以为是。我以为惠
特曼这种想法来自他情感的深处。我不知人们是否觉
察到了这一点，因为人们在阅读时并不自认为是沃尔
特·惠特曼这三位一体中的一部分，而这正是惠特曼
的意图。他想代表整个美国[2]，他在一首诗中写道：

1　《自我之歌》，第 17 节，第 355—360 行。

2　America 一词，博尔赫斯有时在"美洲"的意义上使用，有时在"美
　　国"的意义上使用。

噩梦，这梦之虎

现在我要讲述我青年时代在得克萨斯知道的事情，

（我不会讲到阿拉莫的陷落，

没有人逃出来讲述阿拉莫的陷落，

在阿拉莫一百五十人众口缄默。）[1]

其实他一辈子里从未在得克萨斯待过。他还写道："当我在阿拉巴马的清晨漫步。"[2] 据我所知，他从未去过阿拉巴马。可是在另一首诗中他又说他记得他出生在南方。我当然不会以为他会如奇迹一般同时出生在好几个地方。但尽管如此他依然成了一位伟大的诗人。看来没人做过这种尝试。他们只是抄袭他的声调。他运用了《圣经》诗歌的自由体形式，但看来无人发现他的个人实验是多么奇特。

可是就连惠特曼自己也没能以身应验这部史诗。他是个有党派性的人，他并不是所有的美国人。后来南北战争爆发了，不出所料，他站在了北方一边。他不再认为自己也是一个南方人，就像当初他自诩的那

1　《自我之歌》，第 34 节，第 871—874 行。——原注

2　《从巴门诺克开始》（"Starting from Paumanok"），第 11 节，第 148 行。——原注

样。如此一来，从某种意义上说他就低于沃尔特·惠特曼了。他变成了一个具体的人。他不再是所有年代所有地方的所有人，他成了内战时期的人。不过这些事情是否值得计较呢？在书的结尾处，他写下了最优美的诗行。他说"Camerado"——他以为自己说的是西班牙语，而实际上他是发明了一个词：[1]

同志，这不是一本书，
谁触摸到它谁就触摸到一个人，
（这是不是在夜晚？是否只有我们两人在一起？）
你抱住的是我而我也抱住你，
我从书页间跃入你的怀抱——死亡召唤我前进。[2]

他接着又说：

我就像一个脱离了肉体的人，喜悦着，死。[3]

1　西班牙语"同志"为 camarada，而不是 camerado。——原注
2　《再会》（"So Long!"），第 53—57 行。——原注
3　《再会》，第 71 行。

这部书就以一个单音节的词，死，作结。但是这部书却没有死，它依然活着，我们每一次打开它，我们每一次重温它（我总是这样做），我们就变成了那三位一体的一部分。我们就是沃尔特·惠特曼。所以我对惠特曼心怀感激，不是感激他的思想——说到底，民主对我个人来讲一无用处——但民主是惠特曼构想这部名为《草叶集》的非同一般的史诗所需要的工具。他一版一版地修改这部书。爱默生在此书问世之际说过，这部书是"美国迄今为止奉献于世的最好的作品，它蕴含着机智与智慧"。

我并不单单把沃尔特·惠特曼看作一个神话，我也把他当作我的一个朋友。我觉得他一直颇为不幸，却把自己融入快乐与幸福的歌唱。而另一位诗人，在西班牙，或许也这样做过。这个人就是豪尔赫·纪廉[1]。他的确使我们产生了一种幸福感。莎士比亚时不时也这样做。至于沃尔特·惠特曼，你们总能看到他在尽力地高兴，尽管他实际上并不愉快，而这也是他使我

---

1 豪尔赫·纪廉（Jorge Guillén, 1893—1984），西班牙"二七年一代"诗人。

们受益的一个方面。现在你说吧，我说得已经够多了。

巴恩斯通　有一件事我想问问你。

博尔赫斯　为什么只有一件事？应该是许多件。

巴恩斯通　你怎么看惠特曼只写了一本书？你还提到豪尔赫·纪廉，他花了至少三十一年的时间也只写了一本书，《圣歌》（*Cántico*）。

博尔赫斯　一本很出色的书。

巴恩斯通　波德莱尔也是如此，只有一本《恶之花》。

博尔赫斯　对呀，他也只写了一本。

巴恩斯通　你对惠特曼这种具有预言性质的作家怎么看？他毕其一生于一部大书。

博尔赫斯 我个人认为，所有的作家都是在一遍一遍地写着同一本书。我猜想每一代作家所写的，也正是其他世代的作家所写的，只是稍有不同。我觉得一个人仅凭他自己不可能改天换地，另起炉灶，因为他毕竟要使用一种语言，而这语言就是传统。他当然有可能改变这一传统，但与此同时传统理所当然地要接纳从前的一切。我记得艾略特说过，我们应当努力以最小的新颖更新文学。我还记得萧伯纳曾以不公正的贬低的口吻评论尤金·奥尼尔："他除了新颖没写出任何新东西。"这意指新颖微不足道。至于一本书——怎么说呢？我所有的作品已经被编成一卷。或许只有几页得以流传。

巴恩斯通 坡之于欧洲就如同惠特曼之于美洲，这令人不解。

博尔赫斯 是的，这要感谢法兰西。我们要感谢波德莱尔和马拉美。在我还是个孩子的时候，我们是从法国人那里知道坡的。

巴恩斯通　但是为什么新大陆欢迎沃尔特·惠特曼正如旧大陆欢迎爱伦·坡呢？事实上每一位拉丁美洲诗人，包括你在内，都写有一首献给沃尔特·惠特曼的诗。

博尔赫斯　我觉得惠特曼对欧洲同样具有吸引力。我记得我读过出色的德译惠特曼诗歌，译者是约翰内斯·施拉夫。他也吸引了欧洲。事实上美国至少向世界贡献了三个人，没有他们，今天的一切都不会是这个样子。这几个人中首推惠特曼，其次是坡，至于第三位，我要推罗伯特·弗罗斯特。别人可能要推爱默生。你可以自己决定选哪一位。但是美国奉献于世界的三个人是不能被漏掉的。他们是文学的基础。所有当代文学如果缺了这其中两个大相径庭又都很不幸的人，就将是另一副模样。这两个人即埃德加·爱伦·坡和沃尔特·惠特曼。

巴恩斯通　在作诗法上你认为其他作家向惠特曼着重学了哪一点？或者不说作诗法，是惠特曼的什么方面吸引了别的作家？

博尔赫斯 惠特曼当然是自由体诗歌的诸多发明者之一，也许还是其中最引人注目的人。读过赞美诗再读沃尔特·惠特曼，你就会发现他当然读过赞美诗。但他诗歌的音乐性与赞美诗不同。每个诗人都要适用他自己的音乐，也几乎要运用一种他个人的语言。在一位伟大的诗人穿越过一种语言之后，这种语言就再也不同于从前了。有些东西发生了变化。沃尔特·惠特曼就是一例，语言确实改变了。瞧，惠特曼使用的是美国方言土语，而同时，人们感到他不知如何运用好这种语言，你会不时发现一些相当蹩脚的诗句，例如："美洲人哟！征服者哟！前进的人道主义者们哟！"[1]这简直是狂轰滥炸。他能写出这样的东西。但随后就有人步其后尘，掌握了方言土语。我是指两个如此不同的人，马克·吐温和桑德堡。他们用起方言来驾轻就熟，而沃尔特·惠特曼却用得不那么得心应手。他的法语、西班牙语词汇用得也不太好。不过与此同时，我知道当我发现沃尔特·惠特曼时，我感到不知所措。我觉得他是唯一的诗人。在我读了吉卜林、

---

1 《从巴门诺克开始》，第 3 节，第 37 行。——原注

用散文写诗的德·昆西这两位很不一样的诗人之后，我也有过同样的感觉。我当时认为他就是诗人，他找到了正确的途径，诗歌就应该这样写。诗当然有好多种写法，所有的写法都各不相同。

巴恩斯通　你是否愿意谈谈你写惠特曼的那首诗？

博尔赫斯　哦，我不记得这首诗了。说你的。我觉得很有趣。你何不把这首诗的英译文朗读一下？译文会比原文好得多。我知道你们会大失所望，这首诗写得不好。

巴恩斯通

卡姆登，1892

咖啡和报纸的气味。

星期天和它的索然。这是早晨。

一些寓言诗装饰着倏然翻过的

纸页：一个幸福的同行所写的

浮泛的五音步诗行。这老人躺在他那

噩梦，这梦之虎

301

令人尊敬的穷人的房间，

四肢伸开，面色苍白。他懒散地

瞥见倦怠的镜子。他的眼睛

看到一张脸。他无动于衷地想道：

这张面孔就是我。他把乱摸的手

伸向纷乱的胡须和不中用的嘴。

终点在望。他宣布：

我即将死去，而我的诗歌写出了

生命和它的光辉。我曾是沃尔特·惠特曼。

博尔赫斯　诗写得还可以，是吧？照此看来它不很好但还可以。这只是人的惠特曼而不是神话的惠特曼。

巴恩斯通　惠特曼自认为是一位预言家。他写了一部《圣经》。

博尔赫斯　对，是这样！

巴恩斯通　在你的小说和诗中，你通常写的不是《圣经》，但你特别用心于秘密、不可思议的事、个别的词。

博尔赫斯　我一直为事物所困惑。

巴恩斯通　你走的是另一条路。你的作品越写越简洁，你用的词越来越少。

博尔赫斯　是的，我同意。

巴恩斯通　惠特曼则能用上什么形容词就绝不放弃。

博尔赫斯　我要说他形容词用得太滥了。

巴恩斯通　他的作品应当取名《阔草叶集》，因为他常常为了加强语气而添枝加叶，但时不时地画蛇添足。你对这样一位诗人如何看？他是了不起，可诗作质量却又参差不齐，他能够——

博尔赫斯　但他的确了不起，同时质量又参差不齐。希尔瓦娜·奥坎波对我说过，一个诗人需要坏诗，否则好诗就显不出来。当时我们正谈论着莎士比亚。我说他有许多败笔。她说："这很好。一个诗人应该有败笔。"只有二流诗人才只写好诗。你应当写坏诗，我说这话并非不礼貌。

巴恩斯通 艾略特说过，诗行中的词语应当难易相间，这样，诗行就不会使人觉得难以理解了。在你所做的据你所称的"平凡"的工作中，你译有一本沃尔特·惠特曼的诗集。你说沃尔特·惠特曼是你的诗人，他之于你意义非常。他教给了你什么？

博尔赫斯 他教给我讲话要直截了当。我从他那里学到这一课。但是"教导"毕竟是次要的。重要的是我曾为一种情绪所动，我铭记着他一页又一页的诗歌，我如今仍在白天黑夜地诵读着它们。我认为重要的是，当一个人阅读诗歌时他如何被感动。如果一个人不能切身感受诗歌，那么他根本就谈不上能感受诗歌。他最好去当个教授，或当个评论家。我认为诗歌是一种极其个人、极其重要的经验，不论你能否感受它。如果你能够感受到它，你就不必再解释它了。

巴恩斯通　我专心致志地听你讲话，思路断了，也没了问题。我想了解一下埃德加·爱伦·坡。你现在谈谈坡好吗？

博尔赫斯　每个作家都在同时做着两项颇为不同的工作。一个是他写作的具体套路，他所讲的具体故事，他梦到的具体寓言；另一个则是他创造出的他自己的形象。或许他一生都在干的这第二项工作最为重要。说到坡，我觉得坡在我们心中的形象比他写在纸上的任何诗行都重要。我把坡等同于虚构小说中的人物。他的形象对我来讲，就像麦克白或哈姆雷特一样生动。而创造一个生动的形象，把它留在世界的记忆里，是件十分重要的任务。至于埃德加·爱伦·坡的诗作，我记得一些，我觉得它们写得挺优美，但其他诗就不行了。就从我记得的诗开始说吧：

在这七月的夜半，难道不是命运——
难道不是命运（又可称之为"悲哀"）
让我们在花园的门前停下脚步，
呼吸那睡眠中的玫瑰的芳香？

噩梦，这梦之虎

305

......

（啊，记住，这花园令人心醉神迷！）[1]

　　还有他第一本书《阿尔阿拉夫》（*Al Aaraaf*）中的两行奇特的诗。我记不清了。我的学识总是模模糊糊：

上帝永恒的声音掠过，
红色的风在天空消逝。[2]

　　与此同时，当我想到渡鸦时，我把它想象成一只剥制成标本的渡鸦。[3]对这只渡鸦我并不太当真。渡鸦开口说话，"渡鸦言道'永不再'"[4]，这对我来讲毫无感染力。罗塞蒂当然读过《渡鸦》，他写得比坡好。坡给了他灵感，但他是这样写的：

1　《致海伦》（"To Helen"），第21—24行，第30行。这首诗是为女诗人萨拉·海伦·惠特曼（1803—1878）所作。
2　该诗第131—132行。
3　这里说的是爱伦·坡的名诗《渡鸦》（"The Raven"）。
4　"永不再"，英文为 nevermore。

看着我的脸，我名为"也许是"，

我又叫"不再""太晚""永别"……[1]

　　还有一个由十七世纪的威尔金斯主教发明的好词，它太好，还从未有诗人敢于使用它：everness（永远）。我曾经冒冒失失地用它作了我一首十四行诗的题目，因为 everness 要比 eternity（永恒）好。它与德语中的 Ewigkeit 一词对等。威尔金斯主教发明了两个词。他发明的另一个词有点像 doom（末日）。这个词远远高于我非常喜爱的但丁的一行诗："Lasciate ogni speranza voi ch'entrate."（进来的人，丢掉一切希望。）威尔金斯主教发明的这个英语词，还从未被使用过，因为所有的诗人都惧怕这个如此骇人如此美丽的词：neverness（永不）。德语中的 Nimmerkeit 或许可以与此相对应。我知道。西班牙语是表达不了这个意思的。你瞧，everness 是一个出色的词，而 neverness 则令人绝望。埃德加·爱伦·坡写过许多诗，我对它们无甚兴趣。但他有一篇小

1　引自《生命之宅》（*The House of Life*）第 97 首十四行诗，《铭言》（"A Superscription"）。

说却写得相当出色。这篇小说名叫《阿瑟·戈登·皮姆历险记》。你们会发现阿瑟和埃德加都是撒克逊人的名字，戈顿和爱伦都是苏格兰人的名字，而皮姆（Pym）与坡（Poe）恰好对应。我要说，这个长故事前面的章节并没有什么值得记住的东西，但后面的章节却是一个噩梦。这些章节非常奇特，是一个关于白颜色的噩梦，把白颜色描写得令人恐怖。赫尔曼·梅尔维尔当然读过《阿瑟·戈登·皮姆历险记》，他写了《莫比·迪克》，或者叫《白鲸》。梅尔维尔在这本书中也一样把白色而不是红色或黑色，写成最令人恐怖的颜色。你们会发现这两本书，《莫比·迪克》和《阿瑟·戈登·皮姆历险记》都是关于白颜色的噩梦。

埃德加·爱伦·坡发明了一种小说，那还用说？他创立了侦探小说的写作。在我看来，后来这种小说的发展，都在坡的料想之中。你们一定记得《玛丽·罗杰奇案》、《摩格街谋杀案》、《失窃的信》和《金甲虫》，有了这些作品才有了后来那许多好作品。说到底，夏洛克·福尔摩斯和华生就是坡和他的朋友奥古斯特·杜宾骑士。坡什么都想到了。他认为侦探小说全出自臆造，故而他并不追求其现实性。他把地点取在法国。他笔下的侦探是一位法国人。他知道，写巴黎比写当时的纽约社会要容易些。我想他并不了解巴黎，并不了解法国，他清楚地知道侦探小说是幻想小说之一种。他发明了所有的规则。此外，他还有所创造。他创造了侦探小说的读者。这就是说，当我们读着什么侦探小说，比如当我们读着伊登·菲尔波茨[1]，或者艾勒里·昆恩，或者尼古拉斯·布莱克[2]时，我们其实是被埃德加·爱伦·坡创造而成。他创造了一类新读者。这当然就使得世界上出现了成千上万册这类书籍。我也尝试着写过这类小说，但我始终明白真正的作者是埃德加·爱伦·坡。所以说他给了我们许多东西。

他还为我们提供了一种观点，尽管我觉得这观点是错误的，但它还是很有意思。以他的观点，诗歌可以是理性的产物。我想你们会记得关于《渡鸦》他是怎样写的。他说一开始，他需要一个包含 o 和 r 的词，

---

1 伊登·菲尔波茨（Eden Phillpotts, 1862—1960），英国作家、诗人、戏剧家。阿加莎·克里斯蒂是其作品的仰慕者。

2 尼古拉斯·布莱克(Nicholas Blake)，英裔爱尔兰诗人塞西尔·戴·刘易斯（Cecil Day-Lewis, 1904—1972）的笔名。戴·刘易斯以此名发表推理小说。

这使他想出 nevermore（永不再）。然后他自问：到底为什么要在每一节诗的末尾重复一下这个词呢，因为他想到以同一个词结束每一个诗节。他说，一个有理性的人不会没完没了地说"永不再"。于是他想到要写一个无理性的动物——一开始他想到的是鹦鹉。但鹦鹉当然得是绿色，这会损害他的诗。于是他想到一只渡鸦。渡鸦是黑色，应该是这种颜色。而为了突出这黑色，他想出白色大理石，而这又使他猛然想到雅典娜雕像，等等。因此，通过理性联想，他写出了《渡鸦》一诗。他说诗不宜过长，因为如果读者一次读不完，那么他的注意力就要涣散，诗就无法读得下去。诗也不能太短，因为一首短诗达不到强烈的效果。所以他自语道：我要写一首一百行的诗。事实上他写了一百零七行或者九十七行，或者类似这个行数。他又想：世上什么主题最具悲剧色彩？他立刻回答：世上最具悲剧色彩的主题是一位美女的死亡。那么谁会为她的死最感悲伤呢？他当然要想到她的恋人。这使他决定写一位恋人和一位美女的死亡。然后他又觉得诗中的场景不能太大，故此他需要一个门关户闭的房间，于是他想到了一间藏书室，而这当然正应该是雅典娜雕像的所在之处。还应当有一种对比。既然诗中非得写到渡鸦，那它就应该是被夜晚的风暴赶进房间的。就这样，由于有了这些理性联想，他便写下了他的诗。依我看这所有说法不过是个骗局。[1] 坡很喜欢搞圈套。我想没有人能这样写出一首诗来。但是让我们姑且接受他开始的论点。他也许会争辩说：我需要一个无理性的生物，姑且说，一个疯子。但是他选择了一只鸟，一只渡鸦。以我自己可怜的经验看，我知道，诗歌不是这样写出来的。而坡却按照他那个体系写了不少诗。但是我以为在诗歌创作与理性思维之间存在着根本的不同。我要说有两种思想方式：一种是论说式，一种是神话式。希腊人可以同时运用这两种方式。比如，在苏格拉底服毒自杀之前的最后一次谈话里，你们会发现理性与神话盘绕在一起。但如今看来，我们已然丧失了这种能力。我们要么采取论说的方式思想，要么动用比喻、形象或寓言。依我看写作诗歌的地道方法是把自己交给梦。你不必努力把它搞得一清二楚。

1　关于《渡鸦》一诗的写作过程，埃德加·爱伦·坡在《创作的哲学》中有详尽叙述。

当然，你得搞清细节、格律、押韵的形式、节奏，至于其他东西，它们会以神话的方式自己来找你。

瞧，这一切都来自我想象中的埃德加·爱伦·坡的形象。有一点很重要，即我要把他想象成一个悲哀的人。悲哀是这个形象的一部分，就像悲哀也是那个古老的人物哈姆雷特的形象的一部分。倘若要我从坡的作品中挑选出他的最佳作品，我想我会挑中《阿瑟·戈登·皮姆历险记》。但为什么要挑来挑去呢？为什么不是他所有的作品都优秀？比如为什么要漏掉《弗德马先生案例的真相》《陷阱与钟摆》《金甲虫》？他所有的小说都别出心裁，而在这所有的小说中我们听到的都是坡的声音。就在此刻我们依然听到了他的声音。

巴恩斯通　惠特曼的神话之一是，他以普通的男人和女人作为书中的人物，他使用土语方言，写历史事件如南北战争，写另一个历史事件林肯之死，他曾以《当紫丁香最近在庭园中开放的时候》纪念此事。在你自己的作品中，你也同样用方言土语写街头恶棍，写粗俗恶棍，写死亡和日常生活。

博尔赫斯　哦，这是些文学圈套。

巴恩斯通　你有没有什么既关于普通人又非文学圈套的东西？也就是说，你有没有什么东西是既与惠特曼相同，又结合了坡的某些方面，如噩梦、梦境、发明、想象、博学、圈套？你是不是坡与惠特曼的合体？

博尔赫斯　我受益于他们两人，正像所有当代诗人一样，正像所有当代诗所应该的那样。说到噩梦与坡，这很奇怪。我读过许多心理学著作，其中论述噩梦的地方很少，而噩梦却始终兀自存在。西班牙语中有一个颇为难听的词 pesadilla（噩梦），这个词基本上不能使用。希腊文中有一个好词 ephialtēs，意指"夜的精灵"。瞧，我每隔一夜就做一回噩梦。我时常为噩梦所困扰。我感到，如果我是位神学家——幸亏我不是——我就会找到赞美地狱的理由。悲伤是很常见的事，但是在我们悲伤的时候，我们却没有噩梦，没有神秘感，没有恐惧感，只有噩梦会使我们有这类感觉。噩梦会使人产生一种特殊的恐惧。噩梦，这梦之虎。它使我

噩梦，这梦之虎

们产生的特殊的恐惧与我们醒时所获得的任何感觉都不同；而这恐惧或许正是对于地狱的一种预感。我当然不相信地狱，不过噩梦确有其相当奇特之处，看来尚无人注意到这一点。我读过许多论梦的书——比如哈夫洛克·埃利斯（Havelock Ellis）的著作。但我从未发现过任何论述噩梦这种不可思议的、异常奇特的感觉的文字。但据我所知这种感觉是存在的，它也许是一个礼物。噩梦赋予我小说的情节，我对它们再熟悉不过。它们时常出现，总是以相同的形式。我常做迷宫的噩梦。一开始，我总是待在布宜诺斯艾利斯的某个特定地点。这地点或许是我熟悉的一个街角，也许是在，比如说，委内瑞拉街，或者秘鲁街，或者阿雷纳德兹街、埃斯梅拉达街。我知道是在那个地方，但周围景象却颇为不同；我在噩梦中实际看到的是沼泽、山岳、小丘，有时是牛和马。但我知道我是在布宜诺斯艾利斯的某条特定的大街上，只是街道本身与我所见到的不同。我知道我得找到回家的路，可我又不想回去。于是我便明白这是一个迷宫的噩梦，因为我走来走去总是一次次回到同一个地方、同一间屋子。这是噩梦之一。另一个是关于镜子的噩梦。我看到我自己抬起头来，然后看到一个我不认识的人，一个陌生人，而我知道那人就是我。一梦到这里我便醒过来，浑身发抖。所以说我的噩梦总是一个模式。但是看来我们的话题已经远离了坡。

巴恩斯通　我想我们是偏离了坡，因为你已深入到你对现实的那种独特见解，即梦与噩梦之中。

博尔赫斯　坡的作品当然也是非现实性的。至于谈到世界的虚幻，我总是这样想，世上发生的与我有关的事无不使我惊讶。比如，去年我八十岁了，我以为我不会再遇上任何事。这以后我做过一次成功却又非常痛苦的手术。手术后我去了趟日本，这是一次奇妙的旅行。我现在深爱着日本，从前我却不了解她。而现在更奇妙，我来到印第安纳，同你们谈话。未来为我准备了这一切，这所有的礼物，而对此我过去都茫然无所知。现在我知道了。我仍然期望着未来能为我带来更多的礼物。我们对未来所知的，只是它与现在颇为不同。人们认为未来就是二十世纪的放大和变形，然而我首先知道有许多种未来，其次，我们今天看重的东西将来可能会变得无足轻重，无关宏旨。例如，人们将不再以政治的头脑处世，人们之间的平等将不复存在——这只是一种幻觉——人们考虑问题时将不再顾及境遇，不再患得患失。我期望着一个颇为不同的世界，许多不同的世界，不是赫胥黎[1]的美丽的新世界，那只是好莱坞的翻版。我知道许多未来就要到来。何必要谈未来呢？这没什么意义。

巴恩斯通　不知我们能否请你谈谈罗伯特·弗罗斯特，以此结束我们的谈话？你也许记得他的诗《熟知黑夜》（"Acquainted with the Night"）？

博尔赫斯

我是一个熟知黑夜的人。

我曾在雨中出门——在雨中回来。

我曾一直走到城市最远处的灯火。

1　阿尔多斯·赫胥黎（Aldous Huxley，1894—1963），英国作家，著有反乌托邦小说《美丽新世界》。

而在结尾，我们读到同样的句子："我是一个熟知黑夜的人。"一开始刚一读，你以为"熟知黑夜"的意思是：我曾在夜晚穿过一座城市。但当你读到最后几行诗时，你发现黑夜象征着邪恶，特别是一个清教徒所感受到的那种肉欲的邪恶，因为：

> 一座发光的大钟指向天空，
> 宣布时间无所谓对与错。
> 我是一个熟知黑夜的人。

我想，这就是弗罗斯特的主要成就。他能够写出看似简单的诗歌，但你每一次读它们，你都会挖掘得更深，发现许多盘曲的小径、许多不同的感受。所以说弗罗斯特使我对于隐喻有了新的认识。他给出一个隐喻，我们以为那是一个简单的直截了当的陈述。可是随后，你发现这是一个隐喻。"睡前我还要赶上几英里，／睡前我还要赶上几英里。"[1] 在这里我们看到，同

1　罗伯特·弗罗斯特，《雪夜林畔小驻》（"Stopping by Woods on a Snowy Evening"），第 15—16 行。

样的诗句含义却不同。这最后两行的第一行，说的是路程、奔走和睡觉，而在第二行里，睡觉象征着死亡。但这象征一点儿也不唐突。我想弗罗斯特是个腼腆的人，但我认为他也许是本世纪最伟大的诗人，倘若"最伟大的诗人"这种说法还算言之有物的话。我觉得弗罗斯特也许要高于另一位竞争者，即威廉·巴特勒·叶芝。我喜欢弗罗斯特，但这是我个人的偏见。当然我崇敬叶芝。"那被海豚撕裂、被钟声折磨的大海。"这写得当然华丽。弗罗斯特曾尽量避开这种写法，我也尽量避开。但叶芝也能写出直截了当的诗，比如：

那位姑娘站在那儿，我怎能
把我的注意力集中在
罗马或俄罗斯
或西班牙的政治上？

他又写道：

而也许他们所说的一切
有关战争和战争的警告是真的，

可是，啊，若我能再次年轻
将能拥她入怀中！[1]

读者 我想知道你怎样看待诺贝尔奖，以及博尔赫斯，那另一位博尔赫斯，怎样看待这件事。

博尔赫斯 我想他们二人对此都很贪心，但他们永远也不会获奖。

巴恩斯通 诺贝尔奖评奖委员会年年失算。

读者 我想再请你谈谈古英语，也许只因为我也热爱盎格鲁－撒克逊人的语言。

博尔赫斯 我记得我的一个门徒，一个青年学生感叹过："真遗憾，真遗憾，由于黑斯廷斯战役[2]，如今

---

1 威廉·巴特勒·叶芝，《政治》（"Politics"），第1—4行，第9—12行。
2 黑斯廷斯战役，1066年10月14日英格兰国王哈罗德二世与诺曼底公爵在黑斯廷斯激战，以哈罗德二世失败而告终。它确立了诺曼人对英格兰的统治地位，同时诺曼语进入英格兰。

盎格鲁-撒克逊语让位给英语，而我们不得不忍受莎士比亚。真遗憾！"的确，我热爱古英语。我想，古英语的语音、开元音、苏格兰人发得很重的 rs 音，都比我们今天轻声曼语的英语要强。古英语说起来更加洪亮。这就是我热爱它的原因。我记忆中满是古英语诗歌。古英语诗歌给我们的印象是：它们由勇敢而又单纯的人们创作和歌唱，或者更应该说是那些勇敢而又单纯的人们接受了这些诗歌。他们没有虚荣心。或许虚荣心在一定范围之内是存在的，但盎格鲁-撒克逊人很快就发现这对他们无益，所以他们的诗歌都成了佚名之作。他们是首先开口说话的人。我记得那些挽歌，《航海人》(*The Seafarer*) 的开头写道："Maeg ic be me sylfum soðgied wrecan, /siþas secgan."（我如今已能唱出真实的我自己，/ 我已能够讲述我的旅行。）[1]这种开篇诗句简直像沃尔特·惠特曼的口吻。在古英语诗歌中，你会发现某些不仅仅是就英格兰而言，即使对于世界而言也同样具有根本意义的东西。你会读到大海。在古英语诗歌中，大海总是包围着各个角落，

---

1 《航海人》，第 1—2 行。——原注

甚至在那部相当沉闷的诗歌《贝奥武夫》的一开首，你也会读到大海：

> Men ne cunnon
>
> secgan to soðe, seleræende,
>
> hæleð under heofenum, hwa þæm hlæste onfeng.[1]

　　这就是大海。在《航海人》中当然也是如此，作者讲到大海的严酷与魅力。人们曾经认为《航海人》是一篇对话，我以为这种看法不对。我们应当把它看作一个被大海打败的人所写的诗，他虽然饱受大海折磨，却依然热爱着它。也许这首诗是所有流传至今的盎格鲁-撒克逊文学中最好的作品。此外还有一首诗，写于黑斯廷斯战役之后，由朗费罗译成现代英语。这首诗名叫《坟墓》("The Grave")。朗费罗译作："Doorless is that house, /And dark it is within."（那房屋没有门，/屋内满是黑暗。）但如果你读一读原文，你会发现原诗写得更好："Durelass is ðæt hus, /And deerc

---

1 《贝奥武夫》，第50—52行。——原注

hit is wiðinnen."

读者 你能否详谈一下你同阿里奥斯托[1]的关系，或者你对意大利文学和但丁的感受？

博尔赫斯 我想《神曲》大概是一切文学的峰巅之作。我想我是对的。因为除了文学本身的原因没有别的原因使我热爱这部作品。例如，就我所知我身上没有意大利血统。我不是天主教徒，我不能接受这部诗作中的神话。我不能设想地狱、炼狱和天堂。可是我知道但丁没有不是之处。在莎士比亚那里，我们说不定什么时候就会感到失望，而但丁则不然，他是可以信赖的，他不会让我们失望，他知道自己在做什么。此外，我还想告诉你们另外一个奇特之处。但丁认为人的一生可以凝缩为一个特别时刻。这个时刻可以展示多年的生活或整个一个人。例如，我们从未听说过保罗或者弗朗契斯卡。我们对他们的政治观点一无所

---

1 阿里奥斯托（Ariosto，1474—1553），意大利诗人，著有《疯狂的罗兰》。

知，对他们的思想——如果他们有思想的话——也一样不甚了了，但是我们知道他们正在读着一本出自布列塔尼的书，突然间，他们知道了书中的人物正是他们自己，他们知道了他们坠入爱河。这就足够了。所以但丁是在每个人的生命中选择一个时刻。这对他就足够了，因为他以这特殊的时刻向我们描述了一个人全部的特征和他全部的生活。作者花三节诗的笔墨描写一个人，然后此人在这三节诗里便得永存了。这是但丁的功绩之一，是但丁许许多多的功绩之一。我从未学习过意大利文，最初我读的是朗费罗的英译文，也读正文后的注解。后来我弄到一个英意对照本。我先读一段英文，一个诗章[1]，然后再读意大利文。我这样读下去，当我重读到《炼狱篇》的时候，我便可以只读意大利文而无须借助英文了。试图将但丁译成西班牙语是个错误，因为这两种语言太相近了，任何人对这两种语言知一必知二。此外，意大利人对此书功劳卓著。《神曲》我通读过十到十二遍。每一次的版本都不同，都有新的解释。对我来讲，阿里奥斯托意义同样

1　诗章（canto），也可译为"歌"。《神曲》由一百个诗章组成。

重大。实际上我还写过一首诗，名为《阿里奥斯托与阿拉伯人》。在这首诗里我感叹，自从《一千零一夜》风行以来，似乎无人再读阿里奥斯托了，而我们甚至也不曾如我们应该做的那样去阅读《一千零一夜》。我们忘记了阿里奥斯托——我们不应该忘记他。《疯狂的罗兰》与《一千零一夜》这两部著作有一点相似，即它们都的确是"无限"的。我们阅读长篇作品是一种德行。它们不能不长。一个迷宫不能不长。

11

面对镜子
我始终心怀恐惧

印第安纳大学，
1980 年 4 月

面对镜子我始终心怀恐惧。在我儿时家里放着些讨厌的东西。有三面大镜子竖在我的房间里。还有那些光滑可鉴的红木家具，就像保罗书信中描写的晦暗的镜子。我害怕它们，但我是个小孩，什么也不敢说。

阿尔贝托·科法（以下简称科法） 所有博尔赫斯的读者都清楚，他所喜欢的哲学家都属于唯心主义传统，叔本华当然是其中之一。

博尔赫斯 休谟、贝克莱和叔本华，是的。

科法 所以我们是不是从最简单最愚蠢的问题开始，然后再逐步转向依然愚蠢但无论如何要稍微高明一点儿的问题？

博尔赫斯 我们会尽量愚蠢！

科法 我就这样开始吧。关于叔本华，博尔赫斯这样说过："如今，倘若要我排出我唯一喜欢的哲学家，我一定会挑选他。倘若宇宙之谜可以用语言来概括的话，我认为那种语言就存在于他的著作中。"

博尔赫斯 我真的说过这话吗？

科法 我想你说过。你同意这种说法吗？

博尔赫斯 我当然同意。

科法 罗德里格斯·蒙涅格尔在他写的博尔赫斯的传记里提出过这样一个问题——

博尔赫斯 我没读过这本传记。我从不读别人写我的传记。

科法 哦，你实际生活，这更好。

博尔赫斯 我经历了那本书中的事，是的。

科法 他提出的问题是叔本华对你有着什么性质的影响。他做过一个猜测，等我把它读给你听，你看看是对还是错，还是介乎两者之间。"博尔赫斯从叔本华那里大概发现了这样一种观点，即艺术是通向意义（meaning）的唯一途径。艺术一如科学，从崩溃的社会秩序中创造出一个有意义的、合乎自然法则的宇宙。"就从这段话入手吧。你大概可以告诉我们这段话是否接近了真相。

博尔赫斯　我不知崩溃的社会秩序是否与哲学有关。我认为哲学是不朽的。但是我忘了你前半个问题是怎样问的。

科法　这个问题的出发点是，博尔赫斯大概从叔本华那儿发现艺术是通向意义的唯一途径。

博尔赫斯　哦，这个观点我很难同意。依我看所有语言都通向意义。世上每个单一的事物都可以用于表达意义。为什么艺术是唯一的一种？我不知该如何理解这个意思。

科法　你写过一首献给萨米恩托[1]的诗，他恰好是一位阿根廷政治英雄。

博尔赫斯　他是我们造就的一位天才，或许诗人阿尔玛弗埃特[2]也是一位天才。其他人只可说有才干。

科法　在这首诗里，你把他——

博尔赫斯　我忘了关于萨米恩托我是怎样说的。

科法　嗯，我来告诉你你是怎样说的萨米恩托。

博尔赫斯　谢谢，我很想知道。

科法　你很可能不会同意，但你曾拿他同你称之为阿根廷政治中的白人英雄对比过，那些人——

1　多明戈·萨米恩托（Domingo Sarmiento，1811—1888），阿根廷政治家、教育家、作家、社会学家。

2　佩德罗·阿尔玛弗埃特（Pedro Almafuerte，1854—1912），阿根廷诗人、记者。

博尔赫斯 你是说开国元老们，我们称他们为
próceres。

科法 说得对，也许就像这里的华盛顿，或者玻
利维亚的玻利瓦尔。

博尔赫斯 或者还像圣马丁。

科法 盲从的大众崇拜他们时就把政治撇在了一
边。可另一方面，即使在今天，在阿根廷，对于萨缅
托，也是一半人恨，一半人爱。

博尔赫斯 这证明他依然活着，仍然有敌人和朋友。

科法 现在这件事以一种神秘的方式把我带回到
叔本华。

博尔赫斯 这对我来讲格外神秘。

科法 叔本华的才华毋庸置疑。问题是当我们试

图验证叔本华时，你是否为这样一个事实而忧心，即叔本华可以一方面为博尔赫斯先生这样的好人所推崇，被尊为榜样，另一方面又为你小说中的奥托·迪特里希·林德这样的龌龊小人、集中营头目所欣赏。

博尔赫斯 对，我当然记得，我想起来了。

科法 这没让你感到烦扰吗？

博尔赫斯 不，依我看我们都对，如果我们都欣赏叔本华。

科法 为什么圣马丁及其他白人英雄赢得了所有人的尊敬，你对此感到不安？你赞赏一清二楚的叔本华。叔本华可以为纳粹所用，以表达他们的想法，可另一方面他也能够为你所用，来表达你想说的话，而这却没有使你心烦。

博尔赫斯 叔本华可以为纳粹所用，但这意味着他们并不懂得叔本华，正如他们也并不懂得尼采。比如当德意志帝国建立的时候，尼采说："又一个帝国，又一个愚蠢之举。"但他也曾为纳粹所用。他的师父是叔本华，当然他们都不是民族主义者。我憎恨一切民族主义，我努力做一个世界主义者，做一个世界公民。同时我也是一个阿根廷的好公民，阿根廷共和国是世界的一部分。

科法　不会人人都这么看。

博尔赫斯　那是什么的一部分？是地狱的一部分？炼狱的一部分？

科法　大概是。

博尔赫斯　乐园？

科法　不，不是乐园。

博尔赫斯　不，不是乐园，当然不是。乐园可望而不可即，或者根本不存在。而地狱却总是伴随着我们，或者大多数时候如此。当然今天它不在这儿。

科法　那么，应当怎样正确地解释叔本华？叔本华从很早就吸引你的是什么呢？

博尔赫斯　叔本华写到过，如果我没记错的话，他只有一个思想：Die Welt als Wille und Vorstellung（作为意志和表象的世界）。解释这个思想的捷径应当可以在他所写的那两卷令人惬意的著作中找到。他说，这就是捷径。我不知道还有什么别的捷径。但我一直在讲的确实就是 Die Welt als Wille und Vorstellung。当然我得澄清一下，因为就这几个词来讲它们说明不了什么问题。叔本华所说的 Wille 当然与伯格森的 élan vital 相同，也即萧伯纳所说的"生命之力"（life force）。它们说的都是一回事。至于 Vorstellung（表象），依我看它与佛教中的"空幻境界"（maya），即幻觉，相同。这就是说，事物不具有本质，而只是作为现象存在。就叔本华而言，我想我一生都读他的书是因为他是一位诱人的作家。哲学家不一定非得诱人。不过在康德和黑格尔之前，哲学家们的文笔都不错，后来他们便发展出他们自己的专门术语。而在过去，柏拉图是一位出色的作家，圣奥古斯丁是一位出色的作家，笛卡尔是一位出色的作家，以后当然还有洛克、休谟、贝克莱，他们也是出色的作家。叔本华也一样。但今天的哲学看来是变得与某种拙笨的术语难解难分了。

科法 罗德里格斯·蒙涅格尔说过，在你和你父亲，还有马塞多尼奥·费尔南德斯见面时，你们会谈论哲学，而你们确实谈到过叔本华。请问你们讨论过哪些问题？

博尔赫斯 记得还在我儿时，我父亲就向我提问哲学的根本之谜，基本问题，但不用任何专门术语，也不提时间年代。比如，他会利用棋盘作为工具，把芝诺[1]，把前苏格拉底哲学家的悖论讲给我听，却又对它们不予置评。我记得有一天晚上他没出门。吃饭的时候他拿起一只橘子问我："这只橘子是什么颜色？"

---

1 芝诺（Zeno，公元前336—前264），古希腊数学家、哲学家。他提出了一系列关于运动的哲学悖论，被称为芝诺悖论。

我就说："哦，我想它是橘黄色。"但我发现这还不够，就补充说："我们可以说它介乎红色和黄色之间。"他说："对，但如果我把灯关上或者你闭上眼睛……"于是我便盯着他。另一个晚上他会问我："这橘子什么味？"我说："嗯，橘子味。"他又会问："你真相信橘子会整天整夜地品尝它自己的味道？"[1]我说："哦，我不想钻这个牛角尖。"然后他又会问："这橘子有多重？"一边问他一边还会在手里将橘子掂来掂去。所以我是在不知不觉中滑入唯心主义的。我被引导着，不是去理解而是去感受，去感觉芝诺的诡辩，而我父亲却从未提及这类东西。再后来，他给了我一本刘易斯写的书。刘易斯是个犹太人，是乔治·艾略特的朋友。这本书叫作《哲学史人物传》，我家里至今还保存着。在这本书中，我发现了我父亲所讲的所有的笑话，所有的难题。唯心主义、前苏格拉底哲学等等一切，都能在这本书中找到。是我父亲引导着我读这本书，他知道怎样教别人。他是位心理学教授；他根本不相

---

1 博尔赫斯的回答"橘子味"，英文 orange taste，其中 taste（意为"味道"）作动词时有"品尝味道"的意思。

信心理学。但他开导我的方式很合适，问我简单的问题。他用橘子和棋盘来教我哲学，然后我便自己去感受那些问题。有时我睁眼躺着问我自己，我是谁？或者甚至问，我是什么？我在做什么？我觉得时间在流动。我记得丁尼生在他十五岁时写过一行很好的诗："Time flowing through the middle of the night."（时间从子夜穿过。）当然，我想这是牛顿的时间。Tempus absoluto（绝对时间）。时间还有其他流动方式。时间这个问题太好了。看来这个主题对我来说具有特殊意义。在我看来这是一个"根本的"谜语。如果我们知道了何谓时间——尽管我们当然永远也不必知道——我们也就知道了我们是谁，我们是什么。我这样说是因为身份问题与时间问题相似。我今天在这里与你们相会，十天以后我将回到布宜诺斯艾利斯。我还记得我在乌拉圭和阿根廷度过的童年时光。这一切之于我都是我所不能解释、不能明白的。但我还要继续努力解决这些问题，并且知道，我的所有尝试终将徒劳无功。但乐趣并不在答案中而是在这个谜里。

科法　你对唯心主义的兴趣使你思考到唯我论，

实际上你上次在谈诗歌时就已经提到过唯我论了。

博尔赫斯　唯我论的核心思想是世界上只有一个个人。我是一个个人，你们中的每个人也是一个个人。其余所有的人都是他梦中所见。比如，我们且说，天空、星辰、地球、整部历史，这一切都是一个梦。当然，如果你彻底接受了唯我论，那么我这样拍一下桌子就可以是世界的开始。不，世界不是这样开始的，因为世界早就开始了，开始于很久很久以前打一个响指的瞬间，或像我拍桌子的这一秒钟。世界运行，没完没了，永无尽头。依我看如果我们是真正的唯我论者，我们就会视现在为存在，而不去想过去与未来。但是既然现在要流动，我们就不得不接受一点儿过去和一点儿未来。我们应当接受它们，这样，我们就被引向，啊，宇宙的历史、世界的整个过去和未来等等。

科法　在我为这次对话做准备的时候我曾想，在我问有关唯我论的问题之前我得先向听众解释一下什么是唯我论，但我发现这是一个非常严肃的问题。

博尔赫斯　我认为唯我论是笛卡尔发现的，而他又驳斥了它。看来没有人接受过唯我论。我至少读过布拉德雷和伯特兰·罗素对于唯我论的驳斥。我从未读到过赞成或者接受唯我论的东西。我读到的只有驳斥。

科法　是的，绝大多数驳斥它的人说它无法驳倒。

博尔赫斯　对，在驳不倒的同时他们又不能表示信服。这不正是休谟对贝克莱的评价吗？"他的论点无可辩驳却又不能使人信服。"这是大卫·休谟的原话。

科法　大多数哲学论争都是如此。

博尔赫斯　我想是这样。但我记得爱默生写道：论争不能使任何人信服。沃尔特·惠特曼也同样感到论争没什么好处。然而我们也许会信服夜晚的风、空气，我们抬头望见的星星，但论争不会使我们信服。

科法　我们还是暂时回到唯心主义上吧。我要向你请教一位哲学家。就我所知此人对你并无大的影响。

他就是西班牙哲学家奥尔特加[1]。我不是说我想向你请教他而是想请教一下你写过的一篇论述他的——

博尔赫斯　我写过吗?

科法　是的,你写过。是关于他论述过的一个题目。这个题目并不惊人。据我所知,他对任何题目都有所论述。

博尔赫斯　我没读过他的东西。

科法　你的文章讨论的是奥尔特加关于长篇小说的理论。简单地说,他所持的观点即是——

博尔赫斯　即是人们不可能虚构出新的情节。可人们始终在虚构着新的情节。比如侦探小说作家们始终都在虚构着新情节。

1　何塞·奥尔特加·加塞特 (José Ortega y Gasset, 1883—1955),西班牙哲学家、政治理论家、随笔作家。

科法　你说得对。他着重探讨的是本旨（substance）与功能（function）之间的差别。他认为直到 1900 年，不单科学，文学也同样是以功能观念为基础，而本旨却无人重视。

博尔赫斯　本旨与功能，到底是什么意思？我弄不懂。

科法　我是在重复他的话。

博尔赫斯　可是他应当解释一下好让别人明白。他说的"功能"是什么意思？他说的是情节吗？

科法　在我看来他是指独立于人物心理的长篇小说的结构。

博尔赫斯　这不能一概而论。就短篇故事而言，情节是首要问题，但对长篇小说来说，情节就不那么重要了。真正重要的是人物。情节和人物心理——"人物心理"这种说法不太准确——或许在亨利·詹姆斯的短篇小说中都重要。在吉卜林的短篇小说中两者也都重要。可是拿《堂吉诃德》这个著名的例子来讲，情况又是另一回事。人们对那些冒险故事的留心稍胜于对人物塑造的留心。它们是他的标志，我们需要那些故事以便了解他。堂吉诃德的一切冒险都是对于堂吉诃德的塑造。那些故事全在向我们表明他是个什么人。当然，从更深一层意义上讲，那么多冒险故事本身互不相干，而且并不很精彩，但它们提供了一种功能，因为在读过《堂吉诃德》之后，我们便知道了他是谁。在我们捧读这本书时，我们始终是堂吉诃德或阿隆索·吉哈诺。许多书也能达到这个效果，比如，乔治·梅瑞狄斯[1]的小说《利己主义者》等等。这些书表现的是人物。而在其他长篇小说中，重要的则是行为以及你在书的结尾处获得的惊奇。在大多数冒险小说中，我要说在斯蒂文森的《金银岛》，在《一千零一夜》中，重要的是冒险故事而不是人物形象。没有了那些冒险故事，人物就很难立得住脚。冒险是头等重要的。

1　乔治·梅瑞狄斯(George Meredith，1828—1909)，英国小说家、诗人。

科法　看来奥尔特加所探讨的是——

博尔赫斯　依我看奥尔特加没读过多少长篇小说不是吗？

科法　这我可不知道。

博尔赫斯　哦，他不懂英语，所以他读不到世界上最好的长篇小说。

科法　这我不知道。但是看起来他是在指责我们忽略了情节……

博尔赫斯　我并不这样看。我大概始终在构思着新的情节。我的情节大概还算丰富吧。

科法　我想你是对的。但总之，他好像是在说——

博尔赫斯　我知道。他所希望看到的是像佩特的《享乐主义者马里乌斯》这样的小说，不是吗？小说中什么也不要实际发生。这种小说是为老人而写的。依我看他是以这种小说为楷模的，不是吗？

科法 普鲁斯特，尽管他甚至有点儿承受不了普鲁斯特。

博尔赫斯 对，还有亨利·詹姆斯、梅瑞狄斯、佩特。

科法 你称这些人的小说为心理小说。

博尔赫斯 两种小说我个人都能欣赏。我欣赏情节也欣赏人物。

科法 既然他欣赏这种小说，作为一名哲学家，他认为他必须证明这种小说是唯一可以接受的小说。

博尔赫斯 让我想想。在莎士比亚那里，你相信人物而不相信情节。我们都相信哈姆雷特，他远比我更加真实可信。但我不相信他父亲的鬼魂，也不相信他的母亲。我无法让自己相信剧中的情节。在麦克白身上也一样。我相信麦克白、麦克白夫人，甚至相信那三个女巫，她们也就是命运的化身，但我不相信剧中的情节。

科法　所以说一方面存在着心理小说，其中第一要素是人物，而发生了什么却并不重要；另一方面——

博尔赫斯　我以为，在康拉德那里，两者都重要。我认为康拉德是独占鳌头的长篇小说作家。大家如何看待康拉德呢？人们同时看重他的故事和他的人物。所以实际上两者并不对立。我们现在两者都谈到了。

科法　但在你自己的作品中，或者至少在其中的大部分作品中，情节比人物更吸引人。

博尔赫斯　实际上我不能创造人物。我写的总是身处各种不可能的状况下的我自己。就我所知，我还不曾创造过一个人物。在我的小说中，我以为唯一的人物就是我自己。我将自己扮作加乌乔，扮作compadrito（街头恶棍），等等。但是的确，那始终是我自己。我把自己设想在某段时间里或某种境况之中，我不曾创造过人物。

科法　除了你自己。

博尔赫斯　是的。但如果我想到狄更斯，我便想到众多的人物。莎士比亚也一样。据说巴尔扎克也是如此，但我实际上没读过他的作品。

科法　现在让我提出我的问题。

博尔赫斯　好不容易才提出问题，对不起。

科法　他们不是来听我的问题的。

博尔赫斯　我却是来听你的问题的。

科法　心理小说，奥尔特加说，是唯一值得一写的好东西。如今有许多人在这样写，于是也便有了另一种写法。

博尔赫斯　设计（contrivance）。

科法　你夸赞这种写法生机勃勃，非常之好。你同阿道夫·比奥伊·卡萨雷斯以及其他几个人一起实践了这种写法。看来这种写法对南美洲产生了影响。我不愿意说拉丁美洲，因为否则你会告诉我并不存在这么个概念。

博尔赫斯　是的，整个概念都是虚构出来的，是的。

科法　我的问题是：在你决定不写心理小说而写另一类作品这件事上，他们有否起到过作用？在你回答我之前，我想读一段你写在某处的一段话。

博尔赫斯　好。但我要声明我所写出的东西并非我所想要写的东西。我从某事或某人那里接受启发，然后把我的想法写出……并不是我来选择我的主题或情节。我只是接受它们。不得不往后站，在一种被动的情况下接受它们。

科法　我们这里有《再判决》这本书吗？

博尔赫斯　如果没有，就随你编点儿什么吧。

科法　我想请你谈谈你《再判决》中《为萧伯纳而作》一篇里说过的一段话。

博尔赫斯　哦，我说过吗？

科法　你说过。

博尔赫斯　那些东西是很久以前写的，如今我已经是一个八十多岁的老先生了。别期望我能记得我写过的东西……我尽量记住的是别的更好的作家。

科法　"当代长篇小说的基本主题是人物性格和他的变化。抒情诗是对欢乐与不幸的自鸣得意的放大。"

博尔赫斯　这是我写的吗？

科法 对，是你写的。

博尔赫斯 写得还不错，啊？

科法 "海德格尔与雅斯贝尔斯的哲学——"

博尔赫斯 这也是我写的？

科法 是，但让我先把这句话读完。

博尔赫斯 我从未读过他们。

科法 "——把我们每一个人都变成了不断同虚无或上帝进行神秘对话的有趣的对话者。"所以你一方面谈到了抒情诗，另一方面谈到了存在主义哲学。

博尔赫斯 我只读过亚历克修斯·迈农 [1] 的存在主

1　亚历克修斯·迈农（Alexius Meinong, 1853—1920），奥地利哲学家、心理学家、新实在论者。

义哲学。

科法 "这些形式上或许值得尊敬的律令鼓舞了'我'或'自我'的幻觉，吠檀多[1]哲学视之为最大的谬误。"

博尔赫斯 我想佛陀也给予了谴责，不是吗？还有休谟。

科法 叔本华也反对。

博尔赫斯 叔本华和我的朋友马塞多尼奥·费尔南德斯都反对。

科法 "它们玩弄绝望与痛苦，但最终使我们的虚荣心得到满足。从这个意义上讲它们是不道德的。"因此说抒情诗、海德格尔和雅斯贝尔斯的著作最终是不道德的，而与之相对的在你看来堪称典范的萧伯纳的

---

1 吠檀多（Vedanta），印度教主要哲学。

作品，却使我们"得以回味解放的滋味"。

博尔赫斯 依我看有些人是以海德格尔和雅斯贝尔斯的名义来工作的。

科法 你能对此评说一下吗？

博尔赫斯 好，当然可以。至少我会尽力。我认为由于读者变成了有趣的人物，长篇小说实际上是在阿谀读者。而比如说在史诗中，读者却不被引向分析他的不幸。由这一点看，你可以认为长篇小说是不道德的。但你也许会想到丹麦王子哈姆雷特也是不道德的。或者想到贝德（Beider），因为他鼓励人们反省，如吉卜林所说，没完没了地大声自怜。这在长篇小说里不足为奇，而史诗却不鼓励这种做法。具有史诗感的作家如约瑟夫·康拉德或萧伯纳也是如此。

科法 我想要你驳斥的一个不着边际的臆想是：你对心理小说不感兴趣是因为你发现它与自我不相干。无论从何种意义上讲，它都不曾揭示出自我的有趣之处。

博尔赫斯　我以为心理小说有利于一切伪装和谎言。在一部心理小说中，你随便说什么都可以。某某人太幸福了以至于自杀。一部长篇小说可以这么写，但是我要说一个故事却不能这么写。在长篇小说中，写什么都可以，对人的爱与恨可以是同时的。哦，心理分析是小说的一种。或者可称之为饶舌。

科法　所以你是否会说这完全是坚持错误？心理小说以一种错误的哲学为基础，这种哲学与海德格尔和雅斯贝尔斯的哲学相似，而抒情诗这种东西甚至整个就有问题。

博尔赫斯　对。我要冒昧地这样说，至少今天、现在这样说。我不知明天或后天我对此会有什么感觉。但今天，我这样看。我完全同意，心理小说是有问题的。浪漫主义运动、感伤主义均莫不如此。这类东西应当加以克服而不是给予鼓励。

科法　心理小说与某种现实主义态度相关，这么说是否公平？

博尔赫斯　我看可以这么说。

科法　而把你的带有魔幻而奇异色彩的文学与唯心主义观察方式联系在一起如何——唯心主义至少有关于自我的概念？

博尔赫斯　我倾向于认为万物是虚幻的。我并不反对世界是一个梦的观点。正好相反。但我知道在写作时我必须丰富这个梦。我必须把某些东西添加到这个梦中去。姑且说，我必须赋予梦以形式。至于现实主义，我一直认为它从根本上说错了。地方色彩、历史真实对我来讲，姑且说，没什么用处。这一切与我格格不入。我喜欢做的——用一个出色的英文说法——就是 to dream away（让我把梦做下去）。这才是我所喜欢做的事。不过然后，我当然得把梦写出来，修改校样，校订句子。但实际上，我认为一个作家就是一个不断做梦的人。我不断地做梦，也许此刻我正梦见你，谁知道呢？又是唯我论。

科法　你曾经说过宇宙的历史即是几个隐喻的历史。

博尔赫斯　依我看在我写这句话时我是想搞出一个漂亮的句子。我不知是否真是这样。"宇宙的历史即是几个隐喻的历史。"我这样写时是自己欺骗了自己。我现在依然神志不清。也许你们也被欺骗了。我并不在此刻。宇宙历史的内容要丰富得多。历史正如詹姆斯·乔伊斯所称：是一个噩梦。我们都努力从这噩梦中醒来。

科法　你还有一个极其相似的说法，也许你会觉得它比我刚才读的那句话更恰当："文学是对有限世界的探索，它只是少数几个隐喻而已。"

博尔赫斯　这是对的。我觉得它只是几个隐喻。我觉得创造新隐喻的想法或许是错误的。比如我们有时间与河流、生活与梦、睡眠与死亡、眼睛与星辰，这些东西应该足够了。然而十几天前我读到一个隐喻，它使我惊讶不已。作者是一位印度诗人："在那里我发现，喜马拉雅山脉乃是湿婆的笑声。"也就是说，把一座可怕的山脉比作一尊可怕的神。瞧，这是一个崭新的隐喻，至少对我来讲是崭新的，我搜尽脑海找不到类似的隐喻，把一座山脉想象成湿婆的笑声。我曾以为我在切斯特顿的作品中发现了新的隐喻，后来我发现它们实际上并不新颖。比如，在《白马谣》(*The Ballad of the White Horse*) 中一个丹麦海盗说："大理石就像凝固的月光，／而黄金就像冰冻的火焰。"[1] 这些比喻当然是不可思议的。不过把大理石与皓月相比，或把火焰与黄金相比的想法并不新鲜。但表达的方式倒是新鲜的。当切斯特顿写道：

> 但我不应等到老态龙钟
>
> 那时我将看不到巨大的夜升起，
>
> 一块云彩大于世界，

1　第三卷，第 21 节，第 110—111 行。——原注

一只巨兽浑身长满了眼睛。[1]

我们也许会以为这是新颖的说法。但是眼睛与星辰当然一直是相互比拟。所以切斯特顿所做的只是赋予了那些非常古老的,我要说是,基本的隐喻以崭新的形式。

科法 你自己并不常用隐喻。

博尔赫斯 我记得爱默生说过,语言就是诗歌化石(fossil poetry)。他说过每一个词都是一个隐喻。这一点你只要在词典中查一下某个词就能核实。所有的词汇都是隐喻——或诗歌化石。这本身就是一个出色的隐喻。

科法 你写到镜子的意象,你写到梦,就像有些人所说的那样,你有一大堆圈套。

博尔赫斯 是的,我心里的主题不多,多是圈套,

---

1 《第二次童年》("A Second Childhood"),第27—30行。——原注

是的。但这些东西不是我自己想出来的。我无法避开它们。我没法不在作品中用到那些圈套。

科法　我并不是在责备你使用了它们。

博尔赫斯　那些圈套对我来讲是自发的。它们并不武断。不是我选择了它们，而是它们选择了我。

科法　它们令人回味。比如镜子。

博尔赫斯　面对镜子我始终心怀恐惧。在我儿时家里放着些讨厌的东西。有三面大镜子竖在我的房间里。还有那些光滑可鉴的红木家具，就像保罗书信中描写的晦暗的镜子。我害怕它们，但我是个小孩，什么也不敢说。所以每天夜里，我都要面对三四个我自己的影像。我觉得这实在讨厌。我从未说过什么，因为童年是胆怯的年代。

科法　在我看来，从某种意义上说，你作品中的大多数隐喻都是为你某些唯心主义观点服务的，不知我这样讲是否恰当?

博尔赫斯 我想你说得对。我用的 fetch 一词，用德语说就是 Doppelgänger，杰基尔医生与海德先生的双重性。[1]

科法 我们在《特隆》中发现，你是第一个指出镜子与交媾是可憎的，因为它们都繁殖人的形象。

博尔赫斯 我认为人类的形象和镜子中的形象同样不真实又同样真实。镜子与交媾是一回事。它们都创造形象，而不创造现实。

科法 梦也差不多如此。梦中混在一起的还有其他隐喻，循环往复，或者还有——

博尔赫斯 时间的倒退。

---

1 关于 fetch 的用法和 Doppelgänger 的含义见本书第六篇。

科法　是的，以至无限，而做梦的人——

博尔赫斯　圣奥古斯丁称之为"斯多葛派循环的迷宫"。历史始终在重复自己。我记得但丁·加百利·罗塞蒂据同样的看法写过一首相当出色的诗：

> 从前我曾经到过这里，
> 但说不准我是怎样到来，在何时：
> 我熟知门外的青草，
> 气味清爽而浓烈，
> 还有唱叹之声和岸边的灯火。
> 从前你曾经就是我……

这首诗一共有三节，名为《突降的光辉》。忽然之间你感到这一切都曾经发生过，法国人管这叫 déjà vu。

科法　我们对身边世界的本质有着约定俗成的信念，你是不是想通过经常使用这些隐喻来破坏掉这种信念？

博尔赫斯　好取得进步?

科法　不，我不是要问你"进步"。你是否在努力给人们造成一种印象即世界并不是这个坚固的——

博尔赫斯　但是的确，我能使自己不相信空间。你或许可以想象一个音乐的世界。这个世界完全由声音、语调以及它们所表达的东西构成。但我无法想象一个没有时间的世界……

科法　你小说中写到一些努力解释宇宙之谜的人。正如你说过的那样，若问有谁写出了谜语的答案，那么非叔本华莫属。你小说中写到一些解谜成功的人。

博尔赫斯　他们成功了，可我没有成功! 他们成功因为他们是幻想中的人物，但我解不开这个谜。

科法　那些人物在解开宇宙之谜时都经历了些稀奇古怪的事。我不想再问你别的什么，我只想请你谈谈你对那些事的看法。

博尔赫斯 他们当然解释不了那些事，因为我无法为他们解释。他们发现了答案，但我不知道那答案。所以我不得不编造些东西来说明他们为什么沉默。

科法 你已做出了回答。但我还有个问题。在我看来同样的情况引出了两种相反的事实。《阿莱夫》中的卡洛斯·达内里通过目睹阿莱夫[1]最终目睹了太阳。然后他就努力说出他看到的东西，写出了一首非常荒谬的诗。

博尔赫斯 非常荒谬，正像大多数诗人。

科法 另一方面，又有卡霍隆金字塔神庙的祭司齐那坎，从某种意义上讲他也解开了宇宙之谜，但他决定三缄其口……[2]

博尔赫斯 这是由于我得沉默，因为我不知道谜底。

---

1 阿莱夫，希伯来文的第一个字母，神秘主义者认为它意为"学会说真话"。

2 见博尔赫斯小说《神的文字》。

科法　这一切都是真的吗？这是不是个圈套？

博尔赫斯　我恐怕这是个圈套。我对此有什么办法？那篇小说，哦，是很久以前写的了。

科法　我可否把最后一段读一读？你会喜欢它的。

博尔赫斯　谢谢你。是的，但愿我喜欢。那时我的作品有着十足的巴洛克味道。这篇小说写了头豹子[1]对吧？

科法　对，它里面是写到一头豹子。这篇小说写的是卡霍隆金字塔神庙的祭司。

博尔赫斯　他最终感受到了神的力量。这神乃是众神之一。

科法　他破解了豹子身上的纹迹。

1　美洲不产老虎，博尔赫斯惯于把美洲豹视作老虎。

博尔赫斯 就我所记，他是个阿兹特克人。

科法 对，是这样。

博尔赫斯 他不得不是一个阿兹特克人，因为我需要一头美洲虎。

科法 "让写在老虎身上的秘密与我一同死去吧。"

博尔赫斯 对，因为我认为豹子皮上写着字。

科法 "他窥视了宇宙，他窥视了宇宙燃烧的意图，他不会想到一个人，想到一个人微不足道的幸福或悲哀。"即使那人是他自己他也不会想到。

博尔赫斯 他在思考罪恶。

科法 "那个人就是他自己，但是现在他已经不在乎了。"

博尔赫斯 因为现在他已脱胎换骨，而启示属于他人。他已经不再关心去到那里之前的那个人了。

科法 这两个人都揭示出了宇宙之谜，其中之一拼命讲出他所能够想到的最愚蠢的东西。

博尔赫斯 另一个人选择了沉默，因为我不知道他该说些什么。

科法 不仅如此，他还采用了一种叔本华式的世界观。

博尔赫斯 依我看对他来说，语言不可信。有些东西不可言传，不是吗？而他是对的，因为任何语言都需要可供分享的东西。如果我说"黄色"而你从未见过黄色，那你就不能理解我。而如果我了解"绝对"，而你不了解你也不能理解我。这是真正的原因所在。任何语言都指向一种实在或一种为说话者、听讲者、读者和作者所共同理解的非实在。但在许多情况下，比如在心醉神迷的情况下，就只能通过隐喻来传达实在，无法直接述说。实在必须借助于隐喻。正因为如此，神秘主义者总是诉诸相同的隐喻。一个隐喻可能是概念化的，一个神秘主义者可能会借助葡萄或玫瑰或肉体之爱来说话，甚至波斯的神秘主义者苏菲派[1]信徒们也这样做。

科法 有一位影响卓著的哲学家，他深受你所喜欢的人如叔本华，以及维特根斯坦的影响，你非常热爱他——

博尔赫斯 维特根斯坦，当然，是的。

科法 他声称哲学所面对的最大矛盾在于，一方面是与所想相符的所说，另一方面是一个人想说却不能说。哲学家们在其职业困惑中努力说却说不成，于是只好展示。差别就存在于说与展示之间。

---

1 苏菲原意为"羊毛"，因该教派成员身着粗毛织衣以示质朴，故名。苏菲派产生于七世纪末，以《古兰经》某些经文为依据，又接受新柏拉图主义、印度瑜伽派等外来思想。其主要特征为守贫、苦行和禁欲，宣传神秘的爱、泛神论和神智论，奉行内心修炼、沉思入迷以致与神合一。

博尔赫斯　我认为艺术即是提及。我认为你只能提及事物，你永远无法解释它们。这当然有悖于贝·克罗齐[1]的理论。我只能提及事物。我可以提到月亮，但我不能解释月亮。但我可以提到它，只要我不那么唐突，还是可以的。

科法　或许你的英雄齐那坎也持同样的见解。

博尔赫斯　我对他知之甚少。

科法　就像其他人对他的了解那么多。现在我想把你写的一篇小说《墙与书》的最后一段读给你听听。

博尔赫斯　这实在是篇随笔而不是小说。但从某种意义上讲它和小说也没什么不同。

科法　据说你已经模糊了随笔与小说的差别。多

1　贝奈戴托·克罗齐（Benedetto Croce, 1866—1952），意大利哲学家、历史学家、文艺批评家，哲学上深受黑格尔影响，把精神作为现实的全部内容，其美学思想主要体现在著作《美学原理》中。

亏了你，我们再也不必知道二者的区别在何处了。

博尔赫斯　在诗歌与散文之间同样如此，我一直在摇来摆去。

科法　所以让我来读一下最后一段。

博尔赫斯　我在等着听。

科法　"坚如磐石的大墙，此刻的大墙，以及所有时刻的大墙，在大地上投下系统的阴影，这阴影我永远看不到——"

博尔赫斯　"系统"（system）是个好词，因为有些东西既有常规性，同时又是未知数。"系统的阴影。"

科法　"那是恺撒的阴影，他命令最恭顺的民族焚烧它的过去。"

博尔赫斯　他是第一位皇帝，始皇帝，中国的皇帝。

科法 我们似乎有理由说，除了我们被激发出的猜想，这种想法本身就打动我们。从以上谈话我们可以推导出一个结论，即一切形式本身均有其效能，这效能并不依赖于任何假设的"内容"。这与贝·克罗齐的论点不谋而合。早在1877年佩特便断言：一切艺术都渴求着音乐之境，即纯粹的形式。"音乐展现了幸福、神话、饱经沧桑的面孔、一些霞光、一些地域；它努力向我们述说，它说到我们不该忽略的事物，或者它有些事物欲向我们倾吐；这不曾化为实际生活却又具有急迫性的启示，或许即是美学现象。"我不知你对此有什么补充？

博尔赫斯 我只能说我同意。这篇东西是我多年以前写的，但我不时有此感觉。在我远眺大海或平原或高山的时候，也许还有在我听音乐的时候，我的这种感觉便尤为强烈。我感到我将有所接受，但又无法表达。是的，我有此感觉。

后记　天言智者

　　1982年阿根廷和英国在马尔维纳斯群岛[1]的血腥战争结束后，有人问豪尔赫·路易斯·博尔赫斯，谁是正义的一方？博尔赫斯是地地道道的阿根廷人，先祖可以追溯到古老的西班牙征服者和克里奥尔人[2]，但他的祖母是个英国人。作为亲英派的古英语教授，博尔赫斯是惠特曼、梅尔维尔和切斯特顿的博学的朋友，但也是阿根廷激进公民联盟中重要的民主派，反对执政的大农场主阶级。第二次世界大战期间，他谴责他的

1　马尔维纳斯群岛（Malvinas），英阿争议领土，英国称之为福克兰群岛（Falkland）。

2　克里奥尔人（criollo），西班牙裔拉美人。

祖国对墨索里尼和法西斯主义的支持；肮脏战争[1]之后他参加了审判，谴责军政府犯下了绑架、拷打和谋杀成千上万反对者的罪行。现在他会偏向谁？独裁的阿根廷还是那位好斗的玛吉·撒切尔治下的英国？对此，着迷于黑色幽默的博尔赫斯宣布："福克兰群岛那档子事是两个秃头男人争夺一把梳子。"

只有带着苦笑的博尔赫斯能把战争的无意义转化为一个疯狂的隐喻。

在其作品和谈话中那位自相矛盾的博尔赫斯，实乃源出一人。印刷的书页和口头的表达，复合为一个实体。在其自讽的绝妙寓言《博尔赫斯与我》（"Borges y Yo"）中，书本和传记辞典中呈现的博尔赫斯的公众形象，截然不同于那个行走在布宜诺斯艾利斯街头，喜欢沙漏、地图、十八世纪印刷术、咖啡的气味和斯蒂文森散文的人。在寓言的最后他说：我不知道是谁写下了这些，博尔赫斯还是我。书面的与口头的语言由此成为一体，正如作为公众人物的博尔赫斯与他本人。

1　肮脏战争，指 1976 年到 1983 年之间，阿根廷右翼军政府施行国家恐怖主义，针对异见人士发动的暴力镇压行动。

博尔赫斯的写作展示的自我形象为普通读者所了解；而他的谈话显示的，是他在朋友们中间，在采访、录音、正式演讲以及非正式的聊天（西班牙语称之为charlas）中表现的自我。他以口述的方式揭示自己的艺术创造，使之成为记录下来的文本。在古代世界，要将在雅典街头听到的苏格拉底的巧辩之舌，与他那位杰出的抄写员柏拉图在《克里同篇》和《申辩篇》中记载的内容区别开，那是不可想象的。我们人类的先哲——老子、佛陀、苏格拉底、耶稣、以赛亚——他们的谈话天才之所以为今人所了解，有赖于他们兢兢业业的记录者。对于博尔赫斯，他由声音和笔墨所揭示的个性，皆为他众多的朋友和偶然成为他听众的人们（以及录制他谈话的设备）切实体验过。《博尔赫斯谈话录》（*Borges at Eighty: Conversations*），是口述的逻各斯。

博尔赫斯中年失明，确立了这种谈话和书写的联盟。他必须把所有文字口述给他人，这为他后期的每一部作品带来一种旋律式的流畅。他在很大程度上放弃了需要做学术查证的论文写作，但依然口述故事、散文诗和诗歌。无论是坐在汽车里，还是正走在拉普拉塔河畔那些古老的联邦党人的街道上，他那传说中的百科全书般的记忆允许他在口述给助理之前就在脑子里撰写和润色好一首十四行诗或一个故事。（在短篇小说《博闻强记的富内斯》中，他让我们领略了人无法控制记忆的情形。故事讲述一个年轻的乌拉圭加乌乔人，在经历一次马背跌落事故后再也不能忘记任何事情，从造物的第一个瞬间，到他果园中每一片闪烁的树叶。但在记住每一个绵延不断的细节的同时，他无法再进行抽象思维，"也丧失了思考的能力"。博尔赫斯对一些纽约读者承认："我的小说中只创造了一个人物，富内斯，那就是我。"）博尔赫斯作为演讲者和作为作家的统一性始终如此。让演讲者与作家分裂，将会颠覆博尔赫斯的文学奇迹。

博尔赫斯在他的失明深处是孤独的。他常对我说，尽管有许多朋友，他的命运还是回到几个常做的梦——这些梦之间细节略有不同——然后在白天不完全地醒来。虽然对奉承者不耐烦，他在交谈中还是兴高采烈的。当一个陌生的声音对他说话，这位失明的诗人并不清楚那人是谁。但无一例外地，他对每一个看不见的人说话，待之以同样的亲切以及令对方深受鼓舞的信任，无论那人是身份不明的记者、门童、学生、作家、侍应生，还是公司职员。博尔赫斯的谈话验证了他的写作，正如他的写作验证了他的谈话。听他说话，就是阅读他。阅读他，就是聆听他用低低的男中音叙说。在我认识博尔赫斯的二十年中，我始终惊讶于这位诗人如何献出他的声音。他同样一门心思地分送他写的书，并且固执地坚持书房里不放自己的任何作品。如果邮差送来作品的一个新译本，他会马上把它送给最近到访的客人。甚至就送给那位感到惊讶的邮差。

嘲讽的或者严肃的，谈笑的或者疲倦的，博尔赫斯在每一种环境中谈论着文学。我们经常在简朴的马克辛餐厅边吃边聊，离他位于德拉卡列梅普街的公寓不远。食物是不错的。一些年迈的德国纳粹老兵习惯性地坐在靠里的桌旁密谋着什么。我们的交谈是一次又一次关于他至爱的乔伊斯、弗罗斯特和但丁的甜蜜闲聊。飞机同样提供了无边无际的谈话和创作的论坛。与他数小时在飞机上，从安第斯山脉的城市科尔多瓦出发或回到这里，我为他读邓恩和霍普金斯的诗、斯蒂文斯的《星期天早晨》和弗罗斯特的《白桦树》。他能背出许多弗罗斯特的诗，当我朗读的时候，他的嘴唇也跟着嚅动默诵《熟悉黑夜》和《白桦树》。我说，这个出生于旧金山，又在麻省钢铁城劳伦斯长大的城里人会记得《白桦树》里的那些事儿，这是不可能的。他并不是那个农家孩子，"在牵着奶牛来回走过"的时候压弯了桦树枝。突然，博尔赫斯那双失去生命的眼睛闪闪发光，他说他有了一首诗。

"你有题目了吗？"

"《不可能的记忆》。"

"是什么样的？格律诗还是自由诗？"

"自由诗。我的惠特曼诗体。"

"有多长？"

"大约四十行。"

几个星期后，我陪诗人去见他在《国家报》(*La Nación*) 的编辑，他常在这份报纸的星期天艺术副刊上发表新作。在拿他自己微不足道的"劣作"打趣之后——1980 年阿拉斯泰尔·里德曾在纽约笔会俱乐部问博尔赫斯，"为什么你总是随身携带'谦逊'这根大棒？"——博尔赫斯把《不能再现的往事的哀歌》("Elegía del recuerdo impossible") 交给他的编辑，这首诗共 42 行，有惠特曼式的句首重复和连绵的诗行。那是 1976 年，就在那一年，《悲歌》作为卷首诗被收入博尔赫斯的新诗选《铁币》(*La moneda de hierro*)。诗人想要的"不可能的记忆",是他母亲在她圣伊雷内的庄园瞩望清晨景色的记忆(那时她并不知道自己将以博尔赫斯为姓氏);是丹麦人在亨吉斯特(Hengist)的带领下启航,前往征服那还没有被称作英格兰的岛屿;是在苏格拉底服毒就死的那个下午,听他平静地探讨永生的问题,而蓝色的死神正缘着他已冰凉的双腿爬升;是关于"你说你爱我,我直到天明都未能成眠,既心痛又欣喜"的记忆。所有这些不能再现的往事的探索,都来自他的这一发现:弗罗斯特发明了他在白桦树枝上荡秋千这段不可能的记忆。

我们常常在午夜后深谈,就在科尔多瓦街上的圣詹姆斯咖啡馆,边聊边吃点炒鸡蛋,喝点小酒。博尔赫斯喜欢《西区故事》,喜欢它《罗密欧与朱丽叶》的故事原型。他会请我背诵《弗兰基和约翰尼》的歌词,告诉我探戈北上好莱坞和溜进巴黎时是如何没落的。一个星期天的早晨,在去签名售书的路上,他说他反对自杀,但苏格拉底的"长眠"是"历史上最好的死亡"。他反对崇拜耶稣之死,但后来在京都,他写了一首非凡的诗,叫作《被钉在十字架上的基督》,详述了耶稣被钉上 T 形十字架所遭受的肉体痛苦："他的模样与人们在雕像上看到的不同。它是严峻的，犹太人的脸……这人浑身筋骨折断，不发一言……他不是神，他能感觉到坚硬的铁钉。"就个人而言，有幸知悉他的声音，就是拥有另一个博尔赫斯。

博尔赫斯是一位哲学诗人，他通过间接的经验，过着那些他最崇拜的人们的生活：赫拉克利特，叔本华，斯宾诺莎。他让希腊人赫拉克利特做他的朋友，他常常阅读叔本华的德文原著，并对斯宾诺莎有着深切的认同——这个在阿姆斯特丹犹太人聚居区生活的泛神论哲学家是个西班牙 - 葡萄牙犹太人，正如博尔赫斯的一些祖先。他在《斯宾诺莎》的诗行中召唤这位谦卑的磨镜人：

> 犹太人那双仿佛半透明的手
> 在昏暗中研磨着水晶的透镜，
> 即将消逝的傍晚带来忧虑和寒意。
> （傍晚和傍晚没有什么差异。）
> 手和晶莹的空间
> 黯淡无光地在犹太区边缘，

对那淡泊的人几乎已不存在，

因为他在梦想一个明净的迷宫……[1]

　　博尔赫斯口述的十四行诗，描述他能感知到的黄色光晕，描述他的渴望——渴望看到他的书，看到苍穹，看到一张脸。一个傍晚他来到了我的公寓，问我玛丽亚·儿玉的面容是什么样的，"因为她总是说，她的脸是丑陋的"。他触摸过她的脸，但不能肯定。我告诉他，她是美丽的，她看谁一眼，那人就当心存感激。这位诗人所做的一切，都延伸自他切身体会的那个失明的世界。他从弥尔顿描写幽灵、纪念亡妻的著名诗篇中取了标题：《关于他的失明》。博尔赫斯希望看到这个将在他生命最后几个月成为他妻子的女人的脸。他甚至无法辨认出自己在镜子里的脸。在周遭的一片黑暗中，唯一留下来的他的诗歌习惯，正如他在《失明的人》中写到的：

　　我眺着镜子里的那张脸，

1　译文引自《博尔赫斯全集：诗歌卷（上）》，浙江文艺出版社（2006年），第 307 页。

不知道瞅着我的是谁的脸；

我不知道谁是那反映出来的老人，

带着早已疲惫的愠怒，默不作声。

他谈到失去的东西：

我在幽暗中用手摸索

我不可见的容貌……

我失去的只是

事物虚假的表象。

给我安慰的是弥尔顿，是勇敢，

我仍想着玫瑰和语言，

我想如果我能看到自己的脸，

在这个奇异的下午我也许会知道自己是谁。[1]

在生命的最后几十年，博尔赫斯成了游走四方的
圣人。他的足迹从日本的出云，一直远及克里特岛的

1　译文引自《博尔赫斯全集：诗歌卷（下）》,浙江文艺出版社（2006年），第109页。

弥诺陶洛斯迷宫，他乘上热气球飞越了加州的纳帕谷，也曾前往伊斯坦布尔瞻仰圣索菲亚大教堂黄金的穹顶。在他所有的航行和所有的闲谈中，博尔赫斯发展出一种特殊的口头文学，他的听众无处不在。这个失明的人倚凭拐杖缓步行走，似乎生活在他自己的世界里，但一旦开口说话，他就无疑是他那个时代的发言人，就像一个世纪前的马克·吐温。

圣人只有口述作品传世，这是一个广为人知的古老传统。他们当中有佛陀、耶稣、第欧根尼，以及雅典学园的逍遥派哲学家，这些人物不仅不屑于把他们的思想固定在书页上，将之限定于此，并且希望能够避免话语演变为教条这一危险。于是柏拉图通过设计苏格拉底对话录中的问答，让他的书带有一种口语的自发即兴感。这位前摔跤手和哲学家指出，人的思想变动不居，其无法固定一如海浪上的墨水。我们大多数先贤的记录来自偶然的、匿名的抄写员，他们碰巧在他们的时间里记录了下来。

中国道家的老子——他实际上也可能是三个人，或者只是人格化的清静无为传统——据说某一天骑着一头青牛遁入戈壁，越过文明的边境，在那里创作了他的诗篇和寓言。佛陀离开了他的宫殿，隐入山林打坐冥想，将他的教化口述为诗节。博尔赫斯直到最后一刻，不断在口授诗歌、寓言，以及一些散文和故事，但他越来越多借助的媒介还是"谈话"，这是现代人的辩证术。在那些带着问题的同行和听众面前，这位语言大师用他的谈话为我们这个时代留下了一份公开的自白，在性质、强度和范畴上，与他和朋友们的私人闲谈并无不同，这在他成年后的大部分时间里，一直是他的"道"，是他分享那些未成文的文字的方式。

散步时，餐桌上，闲谈中，这位失明者的声音始终如一，清醒或者恍惚若梦，就像卡尔德隆·德·拉·巴尔卡在《人生如梦》（*La vida es sueño*）中那样。他的声音以一词等同于宇宙，这个词的中心无所不在，无处为其边界。它破译了时间的字母表。它绝望。它奇异地飞驰着跨越了围栏。这声音包含了其他一切。失明者的声音是最本质的博尔赫斯。那些听过或者读过他的人们，终其一生都被他影响。

威利斯·巴恩斯通

2013 年于加州奥克兰

BORGES AT EIGHTY: CONVERSATIONS, Edited by Willis Barnstone.

Copyright © 1982 by Indiana University Press.

Simplified Chinese-language translation rights licensed from the original English-language publisher, Indiana University Press.

北京版权保护中心外国图书合同登记号：01-2023-2226

图书在版编目(CIP)数据

博尔赫斯谈话录 / (美) 威利斯·巴恩斯通编；西川译. -- 北京：北京日报出版社，2023.7

ISBN 978-7-5477-4604-2

Ⅰ.①博… Ⅱ.①威… ②西… Ⅲ.①博尔赫斯 (Borges, Jorge Luis 1899-1986) -访问记 Ⅳ.① K837.835.6

中国国家版本馆 CIP 数据核字 (2023) 第 086841 号

责任编辑：姜程程
特约编辑：雷　韵
装帧设计：陆智昌
内文制作：马志方

出版发行：北京日报出版社
地　　址：北京市东城区东单三条8-16号东方广场东配楼四层
邮　　编：100005
电　　话：发行部：(010) 65255876
　　　　　总编室：(010) 65252135
印　　刷：山东韵杰文化科技有限公司
经　　销：各地新华书店
版　　次：2023年7月第1版
　　　　　2023年7月第1次印刷
开　　本：787毫米×1092毫米　1/32
印　　张：12.125
字　　数：190千字
定　　价：68.00元